Shiitake Uranai

# しいたけ占い

## 12星座の蜜と毒

しいたけ

KADOKAWA

# しいたけ占い

12星座の蜜と毒

# 蜜と毒

魅力のある大人って、もしかしたら
自分の「毒」をうまく活かしている人かもしれない。
甘いだけじゃない、ちょっとした毒が、
いい意味でその人の持ち味になっている人って面白い。

自分にとって悪かったと思う過去も
「あのときにあれが起きたから今こっちの方向にいるんだよな」
と気づかされることがあります。

そのときは「取り返しのつかないものを失ってしまった」
と思っても、何度でもやり直して、何度でも挫折をして今自分の隣にいる人たちを見て笑ってしまうことがある。
「今はこの人たちと共に生きている」って。

ひとりぼっちだったときも
自分の良いところなんてひとつも見つからなかった夜も
自分がそこに徹底的に悩んでいけば、
なんらかの形で自分にしかない「蜜」として返ってきてくれる。

自分の毒、短所やダメな部分を人に見せるって、
すごく恥ずかしいし、狼狽してしまう。
でも実はそんなに悪いようにはならなくて
それによって人生が思わぬ良い方向へ
つながっていくこともある。

立ち止まることがあったら立ち止まっていいいし、
自分のことが好きになれないと思うことのほうが多い。

「どうしてそんなことができないの？」
「あなたには失望しました」
「君には他に向いていることがあるんじゃないか」

今輝いているように見える人も、
少し前まではネガティブなことを言われてきた人が多いです。
今ネガティブな人と、昔ネガティブだった人の差って
思ったより広くはない。
今輝いているように見える人は、やり方はわからなくても、

うまい脱出口がそのときは見つからなくても
どこかで笑いながらもがくことをやめなかった人たちです。

そして、いつのまにか自分に自信がついたとき、

「いろいろあるよ」

と隣にいる人に言ってあげられるようになったのです。


毒のない蜜は薄いです。

毒を持った蜜は、人の心を動かします。


毒を取り除かないこと。

それはあなたの味方でもあるのだから。

もくじ

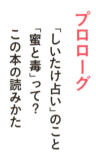



それぞれの章で、

**「あなたはこんな人です」**(基本性格)

**「蜜と毒」「全体運」**

**「恋愛」「仕事」「悩み」**

**「SNS」**についてのアドバイス、

**「開運ワード」**

**「しいたけからのメッセージ」**

をお届けします。

## 3章

### 双《ふた》子《ご》座《ざ》

5/21–6/20

Gemini

55

## 4章

### 蟹《かに》座《ざ》

6/21–7/22

Cancer

69

## 5章

### 獅《し》子《し》座《ざ》

7/23–8/22

Leo

83

## 6章

### 乙《おと》女《め》座《ざ》

8/23–9/22

Virgo

97

7章

天秤座《てんびんざ》

9/23－10/22

Libra

111

8章

蠍座《さそりざ》

10/23－11/21

Scorpio

125

9章

射手座《いてざ》

11/22－12/21

Sagittarius

139

10章

山羊座《やぎざ》

12/22－1/19

Capricorn

153

# Prologue
プロローグ

こんにちは、しいたけです。
はじめての方もいらっしゃると思いますし、これまでなんらかの形で「しいたけ占い」を知ってくださっている方にも、改めて自己紹介したいと思います。
「しいたけ」というのは、もちろん本名ではありません。
数年前、占いの仕事をはじめるときに、何か役名みたいなものを設けたいなと思って、ちょうど当時唯一苦手だった食材がキノコのしいたけだったので、どうせならあえて苦手な食べ物を名前にして「しいたけを好きになるキャンペーンをやろう」と名づけました（その結果、いまではおいしく食べられるようになりました）。

## 「しいたけ占い」のこと

しいたけの自己紹介をさせていただいたところで、しいたけがやっている占いについて、少しお話ししたいと思います。

普段は、毎週月曜日にウェブマガジン『VOGUE GIRL』で運勢を占い、どう乗り切ればよいのかをアドバイスする「週間占い」をお届けしています。さらに年に2回、上半期（12月）と下半期（6月）に「年間占い」も発表しています。

おもにリーディングという方法で、12星座占いと個人鑑定をおこなっている占い師です。


そもそも僕が占いに出合ったのは、大学院で政治学を研究していた頃でした。

よく知られていることですが、政治と占いは古くから縁があります。古代社会では、権力者は占い師を従えていたし、占術家はさまざまな技法を用いて時の権力者にアドバイスをしていました。いまでは考えられないかもしれませんが、亀の甲羅を使った占いが政治や外交などの重要案件の決断の参考にされていたこともあります。

僕はとくに、16世紀イタリアの政治思想家ニッコロ・マキャベリが、『君主論』のなかで「運命」について触れていることに関心を持ちました。『君主論』には、優れた君主であるために、人は「努力」や「実力」だけではなくて、運に恵まれることが必要だ、そして運命は自分の力で変えていけるはずだ……と考察した章があります。謙虚であるほうが運をつかむのか。それとも自己主張が激しい人のほうが運をつかむのか。その時代から真面目に議論されてきたのです。

そういうことを知るにつれて、僕は「運」というものをもっと追究してみたくなりました。ハッキリと断言はできませんが、世の中には運が強いと言われる人と、運に恵まれにくい人がいるように思います。それはなぜなのか、何が違うのかを研究してみたくなったのです。

そこで、実際に運が強い人に会うためのフィールドワークとして、占いをやってみようと思ったのです。その後、いろいろ紆余曲折があって……インドに行って占いの手法を一通り勉強したあと、本格的に占い師としての活動をはじめました。

僕が目指す「占い」の理想形は、「会社の人や友達に話せないようなことを、利害関係のない第三者になって一緒に答えを考えていく」というものです。

縁側に一緒に座って、池の鯉や月を眺めながらあーでもない、こーでもないと笑い合える……そんな場所でありたいと考えています。

あるいは、バイト先の控え室や、学校の部室にいつもいる年齢不詳の先輩のような存在でもいいです。なんかすごくだらしないのだけど、たまにすごく頼れる人で、本人が弱点だらけだから人の失敗をあんまり責めずに、「次また頑張ればいいんじゃない？」とか言って笑ってくれる人。そのくだらない雑談8割の合間に、2割くらい真面目な話があって、いつのまにか悩みも劣等感もだいぶ救われていく……そんな先輩がいてくれる「寄り合い所」のような、みんなの居場所を作れたらいいなと思っています。

# 「蜜と毒」って？

この本のテーマである「蜜と毒」というキーワードは、そんな考えのもと、占いを通してたくさんの人に出会って、お話を聞いてきた実感から生まれたものです。

ここでちょっと「蜜と毒」について説明させていただきましょう。

## 蜜とは……

いわゆるその人の長所や魅力のことです。自然に発揮されるポジティブな面や、いきいきとする場面。とくべつ努力をしたわけではないのに無理なくできてしまうような、「強み」とされる部分のことです。また、人生で「ツイてる」とか「頑張った結果がうまく残せた」と感じる時期のこと。

## 毒とは……

いわゆるその人の弱点や欠点です。本人が「あーあ」といつも落ち込んでしまうネガティブで面倒な場面や、敬遠しているコンプレックス。また、人生で「努力しているのに、なんだかうまくいかない」とか「どうしてここまで歯車が噛み合わないわけ？」と思ってしまう時期のこと。

「蜜」も「毒」も、その人の個性を織り成していて、人生をより深くしてくれるものです。

「蜜」ばかりが良くて、「毒」が悪いというわけではなく、「毒」もうまく使えば薬になるし、「蜜」も摂りすぎると胸焼けがしてしまいます。どちらもよく知れば、考えかた次第でプラスに変えていけるものだと思っています。

僕は、人の性格の「毒」のような部分って、じつはその人の一番の魅力が隠されているんじゃないか、とつねづね思ってきました。コンプレックスはその人の本質であり、個性や能力は「毒」と言われるところにこそ宿るのではないか、と。

これは、単に僕の個人的な実感ですが、人間関係において付き合いが深くなっていく人って、「この人のこういう部分、すごく面倒くさいな」と思わず笑ってしまうような人だったりします。「すごくお腹が空いているのに、その辺のテキトーなお店ではご飯を食べたくない」とか、「え、なんでそんなところでここまでこだわるの？」という人、ときどきいますよね？　でも、そういう人が選ぶ「おいしいお店」ってかなり信用できます。どんな状況でもこだわってしまう価値観って、その人にしか持てないものだから。

この本では、そういう「面倒くささ」のなかから生み出されていった、その人にしかない魅力」こそ、大事にしていきたいと思っています。

「毒」は、捨てるのでなく抹消するのでもなく、笑ってあげる。「こういうところ私面倒くさいよね」と笑えたら、何かが変わっていくと思うのです。弱点も愛すべきものだし、かならず武器に変えていけます。

　また、占いを通してさまざまな人のお話を聞いていると、すごく「ざっくり言うと」ですが、人は「誰に教えられたわけでもないのに、自分の魅力を活かす術《すべ》を知っている人」と「自分には魅力なんてないと思い込んでしまっている人」、大きくこのふたつのタイプに分かれるんだなと感じます。だけど、本当はどちらの人にも「その人にしかない魅力」があるのです。

　そして、「自分の魅力を活かす術を知っている人」の「魅力」は、もとはすごく苦手だったけれど、いまは「自分のモノ」にできているところであったりします。人の何倍も向き合って格闘してきたところが、やがて「持ち味」となり、「魅力」となっている場合が多いのです。人の魅力って、「他の人はスムーズにいけるのに、自分はまったくスムーズにいかない」ところに宿っていくのかもしれません。

もちろん「蜜」ばかりで、すべてが完璧で、うまく事が運べばいいなとも思います。そういうときを過ごしている人は、充実感と自信に満ち溢れています。

でも、明るい、いいことばかりがずっと続くのも疲れてしまいますよね。とくにいまの社会って、どこか「明るさが強制されている」ところもある。SNSではいい自分を見せておきたいし、つねにポジティブな自分であることがマナーであるかのような空気もある。実際は辛くても「大丈夫だよ」と言って、前を向いていかなければいけなかったりもします。

それはそれでとても大事だけれど、僕はもうちょっと肩の力を抜いて、「毒」の部分も認めていったらみんなが自分らしく生きていけるんじゃないかなと感じています。失敗や弱点もちゃんと背負って生きている人って、人として途方もなく大きな魅力に包まれていくから。

だから僕は、占いでその人の行動の結果だけを見て、「それは良くなかった」「もっとこうしたほうが良かったんじゃないか」とアドバイスするよりは、親友として一緒に笑っていたいと思っています。

この本も、肩肘を張らずに読んでもらえたら、これに勝る幸せはありません。いまこの瞬間、すごく余裕のない人もいるでしょうし、「もっといまの自分を変えたい！」と真剣に向き合っている人もいると思います。

でも、「しいたけ占い」は、「ちょっとお茶でも」というときにいつ訪れてもいい、ひと息つけるような場所になれたら。それをかなり真剣に目指しています。あーだこーだ話していきたいから。

## この本の読みかた

そんなわけで、本書では、12星座それぞれが持つ「蜜と毒」を詳しく見ていきます。各星座のおもな項目では、次のようなことを書いています。

### ✦あなたはこんな人です

12星座それぞれの「基本性格」を解説しています。自分はもちろん、身近な人の星座もぜひ読んでみてください。「あるある」「あの人、確かにそんな感じ」と〝12星座のトリセツ〟として楽しんでいただけたら嬉しいです。

### ✦蜜と毒

基本性格を踏まえて「蜜と毒」を解説しています。

昔、学校の先生に「○○はすごいな」と褒められたことが嬉しくて、それ以来ずっと自分の長所だと思ってきた……なんて経験はないでしょうか？　「蜜」の項目は、そんなふうに「昔どこかで出会って、なんとなく自分を褒めてくれた大人」のつもりで書きました。「あなたのすごいところ」を褒めてあげてください。あなたには自分ではまだ気づいていない、たくさんの良いところがあるのだから。

「毒」については、おもに弱点や苦手と思われることを書いています。「毒」は、あなたの持ち味や魅力となる愛すべきものです。武器に変えていくヒントを一緒に見つけていきましょう。

### ◆全体運

2018年を見通した全体的な運勢の流れ。気にしておいたほうが良いことについて書いています。時期的な目安として意識してみてください。

### ✦恋愛

あなたの恋愛面を分析しています。「蜜」＝「恋愛モードになりやすい状況」、「毒」＝「性格のどのような部分が恋愛の邪魔になりがちか」について考えてみました。

### ✦仕事

あなたの仕事面を分析しています。「蜜」＝「モチベーションが上がる環境」について、「毒」＝「こういう空気のなかで仕事をすると、モチベーションが下がりやすいよ」というポイントを挙げました。

### ✦悩み

これは、『VOGUE GIRL』のインスタグラムで毎月おこなっている〝インスタライブ〟に寄せられた視聴者からの悩み相談を振り返って考察したものです。各星座の悩みかたの傾向とその対策について書いていています。

### ◆SNS

これは、みなさん全員に当てはまるというわけではないかもしれませんが……最近、人間関係やコミュニケーションの悩みにSNSが介入していることがとても多いと感じています。そこで各星座の性格をふまえたSNSの使いかたを考えてみました。

### ◆開運ワード

「蜜」をもっと活かす――「元気があるときにさらに勢いを増すように使う言葉」と、「毒」を制する――「落ち込んで、ネガティブなループにハマってしまったときに抜け出すヒントになる言葉」を挙げています。

12星座それぞれの性格によって刺さる言葉が違うので、それをちゃんと書き留めておきたかったのです。自分はもちろん、身近な友達が元気をなくしたときなどに、ぜひかけてあげてほしい言葉です。

### ✦しいたけからのメッセージ

12星座それぞれの「親友」であるあなたへ、ひと言手書きのメモを添えるようなつもりで書きました。

### ✦しいたけの部屋

僕なりに「毒」にまつわる考察をまとめてみました。他人の「毒」への対処法も。ちょっと休憩したいときにでもお読みください。

### ✦運を味方につける12星座のマイカラー

12星座それぞれが持っている「オーラカラー」を紹介しています。本来のあなたが持っている「ベースカラー」、運気を上げたいときに身につけるといい「クールダウンカラー」などを解説しています。さっそく毎日に取り入れてみてください。

それでは、本編にいってみましょう!

# 1章

# 牡羊座《おひつじざ》

3/21－4/19

誰かがチヤホヤしてくれないと、
やる気をなくしちゃう…

周りの人を惹きつけ、
ポジティブな感情を伝染させていく

Aries

## あなたはこんな人です

牡羊座って「地味なのか派手なのか分からない人」なのです。

あなたは、そのときそのときですごくハマっていることがあります。それは、自分なりの美容の研究であったり、サッカー観戦であったり、さまざまなのですが、何かにハマっているときのあなたって、すごく嬉しそうな顔をしているのです。

あなたの「嬉しい！」という表情は、その場の空気をすごく明るくします。そういうときのあなたの雰囲気ってすごく派手で、周りにいる多くの人たちの記憶のなかであなたは、「あんな人になりたいな」と思われるような輝く人になっているのです。

言いかたが極端になってしまうのですが、牡羊座は「つまらない」と感じてしまうことを長々とやっているのが一番向いていません。そういうときは嘘をついて、たまには仮病を使ってでも早く帰るべきです。

「つまらないことはここまで！　私はいまから気分転換する」と宣言して少し散歩をしたり、あなたから「かわいい」「きれい」「やってみたい」という言葉が飛び出す場所に参加してみること。

「義務だからやらなければいけない」ではなくて、「好きだから続けている」。「好き」といつも一緒にいるために「かわいい」「きれい」「やってみたい」の感情とともにいてください。

好きなものを「好き！」と言い切ってしまう強さと爽やかさ。

そして「好き！」と言った以上、周りがどうあろうとそれを通そうとする頑固さ。

それがあなたの魅力なのです。

でも、ひとりになりすぎることなく、ちゃんと「ひさしぶり！　元気だった？」とみんなに会いたい気持ちも強く持っています。

**基本性格**

- **楽しいことを見つけて、勢いで人生を突破していく**
- **つまらないことを長々とやるのは向いていない**
- **インスタ映えするような、格好良く「決まってる」ものが好き**

蜜

牡羊座の人は、ポジティブな感情を伝染させる力を持っています。

あなたが言う「楽しい！」とか「嬉しい！」という言葉や表情には特別な力があり、知らないうちに周りにいる人たちが「よし、もっと頑張ろう」と、あなたのおかげで明るくなることができるのです。

ファッションなどでも「これを身につけているとすごく幸せ」と全身で表現できるから、知らず知らずのうちにインフルエンサーになっていたりします。

あなたのすごいところは「好きなモノや好きな人」と一緒なら、どこまでも頑張り続けることができるし、一緒にいる人たちの空気を明るく変えていくこともできるところ。

だからあなたは好きなものをいつもハッキリさせておかなければいけないのです。元気がないときでも「私はこの仕事のこういうところが好き！」とか「私はこの人のことが好き！」と、「好き」を思い出すとすごく力が出るから。

他人の評価を気にしすぎることなく、「真剣になれて、楽しい時間があるから私が私でいられる」と言える時間を大切にし続けてください。

# 毒

牡羊座って、良くも悪くも「勢いと応援があるかどうか」でパフォーマンスや輝きが変わってきます。周りから「アゲて」もらわないと、かなり面倒くさい空気を出す場合があるのです。あなたはみんなに喜んでもらえるなら、あるいは期待されたら「奇跡的なパフォーマンスを発揮」できますが、自分が特別扱いされない環境においては「あ、大丈夫です。どうせ私は必要とされていないので、かまわないでください」とちょっとイジけたモードになって、ローテンションになっていってしまうところもあります。

また、関心があることとないことがかなりハッキリしているので、「楽しい！」とか「もっとこの分野で成長していきたい」と思ったことは徹底的に学習し、成長していきます。でも「常識的にはそうかもしれないけど、私は興味がない」ことに関しての学習能力は欠けがちになります。あなたは「それをして私が輝くかどうか。楽しいかどうか」によって物事への関与の度合いを変えていく人です。

成熟した牡羊座は、「自分が目立つかどうか」だけではなく、裏方として「周囲の人を目立たせる活動」を大切にします。「周りにいる人に光を届ける」を意識したあなたは、みんなにとって「なくてはならない存在」になるのです。

## 全体運

２０１８年の牡羊座は、２０１７年からの「遊び＆本気」の時期を過ごし、その流れを継続していきます。自分の新しい可能性を広げていくときに、「楽しむこと」がすごく大切なキーワードになります。あなたの毒として、どうしても「負けたくない」とか「舐められたくない」、「等身大の自分に自信がないから、もっと大きく見せたい」という気持ちが強くなるところがあります。だから、新しいことに挑戦するときには、「ここでこんなことを聞いたらカッコ悪いよね」などと思わずに「教えてください」と他人に頼れるかどうかが大切な儀式になります。「もっとこうしてみたらいいんじゃない？」と、他人によって発見される自分の良さを受け入れて、素直に実行していく柔軟性が強く求められるのです。

あなたが自分の目の前の流れに「うまく乗れていないな」と思うときって、心のどこかで「どうせ私なんて」というジメッとしたものが発生しちゃっています。でも、あなたの周りの人も、あなたを巡る運も、「なんかよく分からないことに本気を出して輝いているあなた」が好きなのです。大好きなものを大好きでいるために本気で楽しむこと！　あなたならきっとできるから。

## 恋愛

牡羊座の恋愛観には、「面白いかどうか」がまず一番はじめにきます。でも、それと同じぐらいに「この人なら私のことを守ってくれるかも」と、自分を保護してくれる人を強く求める性質もあるのです。牡羊座の恋愛面での葛藤って、「気が合う」とか「仲が良い」人は多いほうですが、そのなかで「特別な人」を選ぶのが難しいということ。実際に恋愛面で好きになるのは、何か特別な自信なり能力なりがあって「自分の世界を持った人」が多く、少しだけ注意して観察をしないと「俺様」とか「俺が言うことがすべて」みたいな人を好きになってしまいます。あなたがいい恋愛をしていくためには、「私は頑張ってきた部分もあるし、まだまだ知らないところもある」と、プライドと謙虚さをつねにバランス良く持つように意識してみてください。「カッコ悪い自分は嫌い！」とプライドを強く持ちすぎると、それと同じぐらい「プライドの高い俺様」を引き寄せてしまうから。そして、自分が「アメリカの西海岸の太陽を浴びて育った人」みたいなカラッとした明るい雰囲気をまとっているとイメージして。

あなたの周りにいる大好きな人たちに普段から「大好き！」と伝えていくこと。その「大好き！」が、やがて特別な人に伝えていく「大好き！」になっていくから。

## 仕事

牡羊座の仕事は、「目立てるかどうか」が目安になります。牡羊座って「自分が特別」だと感じられて、ある程度チヤホヤされないと力が発揮できません。これは別にワガママだと言っているわけではなくて、あなたが力を発揮するためには「みんなが私を必要としてくれている」という熱気が必要なのです。「それやっといて」と当然のように頼まれ続けると「私は必要とされていないかも」と思ってしまいがちです。

だから、仕事でも自分が「特別になれる場所」って絶対に必要なのです。それが遊びとか旅行の世界でも。「私、たぶん運を持ってる！」という根拠のない自信が、あなたに幸運をもたらしてくれます。

あなたは頭で「こうやっていったほうがいいかな？」と分析しすぎるより、「みんな私のことが大好きなんだね。じゃあ私も一肌脱ぐよ！」と勢いに乗ったほうが必ず良い流れになります。「私を誰だと思っているの？」というプライドの塔には閉じこもらないで。

## 悩み

牡羊座の人に目立つ悩みは、「自信がなくなると停滞期が長引く」ということです。

あなたが停滞するときって、そこには「対人関係で傷ついた体験」が絡みます。あなたはすごく純粋なのです。

だから「（悪意も含まれるような）人間関係のやりとり」が苦手なところがあり、「あれ、私一生懸命頑張ったのに、こんなに薄い反応しかないわけ？」と一度傷つくと、「もうこの人や周りには期待しちゃいけないんだ」と孤高の道を歩もうとしてしまうところがあります。「他人に対して期待しちゃいけない」と強く思いすぎるのです。

そういうときは虚勢を張り続けるのではなくて、「泣いてもいいよ」と自分に許可を出してあげてください。男の子でも。泣いてみるとスッキリします。余計な感情を引きずらないで、その都度《つど》落としていってくれるから。その後は「私を泣かせるなんて上等じゃない。パワーアップして帰ってギタギタにしてやるよ」と、ちょっとケンカ腰でも大丈夫。あなたはジメジメよりも、「言うべきことは言う」とカラッとしたケンカ腰でいるほうがうまくいくから。

## SNS

牡羊座は、他の星座の人よりも「どうやったら自分がかわいく見えるか」とか「どうやったら自分に特別感を出せるか」を本能的に察知しているところがあるのです。

あなたは大好きな人やモノに囲まれているとき、幸せ感がすごく出ています。これはあなたのすごいところで、SNS上でも「先頭に立ってすごく楽しんでいるように見える」のです。つまり、数ある投稿のなかでもあなたはかなり目立つ。だからSNSでも知らないうちにインフルエンサー的存在になっていることもあります。

ただし、毒として「見栄を張りたい」という面があるため、「自信がある自分だけ出す」とか、「カッコつけたい」情報を選別しがちだから、そこだけは少し意識して。

たまには自分に好意的に関心を持ってくれる人に丁寧に、でも少しフランクな回答をしてみるのもいいと思います。そうすると「この人はお高くとまっているんじゃなくて、すごくやさしい人なんだ」とちゃんと伝わっていくから。

しいたけのつぶやき

## 牡羊座って「金属バットを持ったリス」

牡羊座の人は「かわいい」とか
「○○さんすごいな」って
ちゃんと褒められて、
ちゃんと評価されているときは
「エヘヘ。じゃあもっと
ドングリあげるね」って
やってくれるけど、
敬意がない扱いを受けると
金属バットでいろいろ
破壊しはじめます。

開運ワード

## 「やってみる！」

牡羊座には、集団の先頭に立って周りを引っ張っていく才能がすごくあります。

あなたは「キャンプや遊園地にみんなで行くときに絶対に必要なキャラ」。あなたの行動のひとつひとつや、あなたが持つ「とことん楽しもうとするテンション」が、みんなの気持ちをぱーっと明るくするのです。

仕事でも遊びでも、考えるのではなくまずは「やってみる」。この言葉を大切にしてください。

## 「好き！」

あなたが元気をなくしているときは、「好き！」に対して自信がなくなっているとき。だからいついかなるときでも「私は何が好きか」を確認しておく必要があります。

「私なんかが本当に好きでいいのかな？」と一度自信をなくしてしまうと、立ち直るまで時間がかかります。

だから言わせてください。一度好きになったものに対しては、その最後を見るまで追いかけて。限界がくるまで全力で走りきること！

## 「泣いてもいいよ」

たまには自分に「泣いてもいいよ」と声をかけてあげてください。あなたは「カッコつけた自分に乗っかってナンボ」みたいなところがあるので、辛いときや落ち込んだときに「これぐらいのことで負けてはいけない」と自分を奮い立たせようとします。

でも、それによって変に意地を張りすぎる人になってしまう可能性もあるので、泣きたいときには一度泣いてしまったほうがいいですよ。

牡羊座のあなたへ

しいたけからのメッセージ

# 「壁、来たね」と言っておけば大丈夫

自分が好きになったものを追いかける人生をあなたは送ります。でも、その途中で、好きになったものや自分自身を信じられなくなるときが必ずきます。これは呪いの予言ではなくて、真剣に何かを追う者が必ず出合う「壁」なのです。

その壁に出合ったら、「私は必要とされていないんじゃないか」と思うのではなく、「壁、来たね」と言ってあげること。そして「私にはすべてを楽しむ準備がある」と言い切ってしまうこと。あなたは奇跡の人だから。大丈夫。乗り越えていける。

2章

# 牡《お》牛《うし》座《ざ》

4/20－5/20

自分に必要な人や物事との
出会いを瞬時につかむ直感力

心の扉が固く、他人を簡単に
自分のテリトリーに入らせない…

Taurus

牡牛座の人は、人生のことあるごとに「激しいマイブーム」や「壮大な気分転換」の機会が訪れます。急に髪の毛のカラーを金色やピンクに染めたいと思ったり、着実に積み重ねてきたキャリアに対して「もう飽きた！」と感じて急にやめて違う道を探したり。とにかく「このモードの私はもういいや」と積み重ねてきたことを破壊し、「次のモードの私」に向かっていく衝動がとても強いのです。

牡牛座の人のＳＮＳを見ると、いまこの人は何ブームなのか、いまハマっているものはなんなのかを、ある程度うかがい知ることができます。たとえば食べ物で「辛いものブーム」が訪れたとしたら、とにかくもうずっと辛いものを食べ続けてアップしています。

あなたは、自分が好きになったものについては「1回や2回接しただけで分かるはずがない」から、「千回、万回噛みしめてみて、そのときの私が何を感じるかを確かめてみたい」と思っていて、かなり徹底した姿勢で追求していきます。そして、「好きになったものに一番近い距離にいたい」。好きな相手やモノの匂いをすべて嗅げるくらいの近さにいたいのです。

ただ、牡牛座に関しては、どうしてもたまにすごく情緒が不安定になります。あなたは大げさな言いかたではなくて「まぁまぁな絶望感」を高い頻度で体験します。「あ、この人はこれだけ言っても治らないからもう無理だ」とか「これだけ努力をしても無理なら私は根本的に才能がないんだ」とか。そうやって白黒をハッキリつけて自分を追い詰めてしまうことがあります。

もし気持ちが追い詰められたら、「たまには現実逃避をする」を大切にしてください。自分が向き合うことに対して、あなたは真面目すぎるのです。自分のいい加減さを認め、「何とかなる」という運の良さを信じること。それがあなたにとっての幸運の鍵になるから。

## 基本性格

- ◆**激しいマイブームの波がある**
- ◆**好きなものを自分の五感で見つけるのがうまい**
- ◆**一度好きになったら、一生大切にする愛情の深さ**

# 蜜



牡牛座の人しか持っていない特別な力に、「好きなものを瞬間的に決めてしまえる直感」というのがあります。

あなたは「あ、これだ」と、好きになるものや自分が将来必要になるものを選んでしまえる人なのです。

たとえば一流のミュージシャンやクリエイターは、よく「若い頃、この作家の影響を受けた」などと後のインタビューで語ったりしますよね。「この人に出会っていなかったら、いまの私はいなかった」と。

あなたはそんなふうに「この出会いは私に必要！」と思える人やモノに出会ったとき、絶対的に自分のセンスを信じることができます。「自分のセンスを研ぎ澄ませてくれたり、拡大させてくれるもの」に瞬間的に気づき、そして多少強引であったとしても、積極的にアプローチしていきます。「私のセンスを磨くために必要」と決めたものを、徹底的に自分のなかに取り込んでいくのです。

「私が気に入ったものとともにいたい」。それが、あなたにとって人生をかけた願いでもあるのです。

# 毒

牡牛座が抱える「毒」は、「潜在的なプライドの高さ」。あからさまな態度には出さないですが、「この人たぶんセンスない。話聞くだけ時間がもったいない！」と、ときどき目の前にいる人を露骨に斬り捨てます。また、個人主義的な傾向があって「仲良くやらないと業務が進まないから、表面的には仲良くする」けど、「仕事相手に見せる表情はここまで。ここから先は絶対に私のテリトリーに入らせない」と明確に線引きしたりもします。そういう〝心の扉の固さ〟がすごいのです。一方で、一度心を開いた人にはいつまでも開き続けるので、いつのまにか人間関係が「自分が仲良くできる人」だけで固まっていったりします。

また、好きになったものは「過剰に好き」なので「好き」が発見できない毎日を過ごしていると、やがて五感が何も見出さなくなり、世界がボヤけて「私は何をすればいいのかな」と機嫌が悪くなっていってしまいます。

だから「自分の機嫌の良さ」を健康のバロメーターにしてみてください。「機嫌が悪くなってきた」＝「五感が美しさを発見していない」。そうなったら、いい匂いを嗅ぐ、大好きな映画を何回も観る、胸が揺さぶられる音楽を聴くなどして、五感の力を復活させてください。

## 全体運

2018年の牡牛座は、「5年後の私の姿を考えていく流れ」のなかにいます。あなたは、「いまある〝ずっと〟がこれからも続いていくわけではない」と予感しています。「あと5年、このままの状態でいていいのかな？」「5年後もいま私がやっている仕事に興味を持ち続けられるかな？」「もっとバージョンアップしたい」と思えてきているはずです。5年後を考えたとき、いまの自分だったら「次のレベルで勝負できるかどうか分からない」と多少不安を感じるぐらいがちょうどいいのです。簡単に「あ、できそう」と思ってしまうところにバージョンアップはないから。「不安がある。だからこそやってみる」。その感覚を大切にしてみてください。

そして、2018年は「この日が大切」と思ったら、自分なりにファッションを決めてみるのもおすすめです。「月末は毎月すごく忙しくなるから、この日は勝負日と決める。その日はこの服を着る」とか。これはカラーで考えてもらうと取り入れやすいと思います（＊巻末の〝マイカラー〟を参考にしてみてください）。「この色のこのアイテムを身に着けたとき、私は戦闘モードが1・5倍上がる」と自己暗示をかけてみるとか、「勝負モードにいる自分」を強く意識するといいですよ。

## 恋愛

牡牛座の恋愛では、光って見えた相手を「持って帰りたい！　家に置きたい！」とまず一番に思います。これは、幼い子どもがおもちゃ売り場でお気に入りのぬいぐるみを見つけたときの感覚に似ています。あなたは本能的に「好き」と「無理」を決める感覚に優れています。好きになる人は「自宅近くのお気に入りのお店でご飯を食べたい」とか、すぐに自分のテリトリー内に入れます。

ただし、ひとつアドバイスがあって、あなたは根本的に「他人と合わせて行動すること」に対して少しだけ不安がある人なのです。「あ、私自分のことは自分でやるんで」というような個人主義的な面があるので、自分の弱い部分を他人には見せたくないし、家族にすら見せたくないと思うようなところもあるのです。あなたには「人と向き合いたいんだけれど、向き合いかたがちょっとよく分からない」という課題もあるのです。

だから、恋愛においては「応援」をひとつのキーワードにしてみてください。「この人に応援されるのは嬉しいな」と思ったり、「この人のことは応援し続けたいな」と思ったりしたら、その人はあなたにとってかなり縁のある人です。

## 仕事

牡牛座の仕事に関してのキーワードは、「その仕事のどの部分が好きか」になります。世の中には「仕事は別に好き嫌いでやるものではなくて、生活のためにやる」という人もいます。でも牡牛座って、仕事についても「好きかカッコイイか」で判別します。「私はこの仕事を通じて自分の美学を磨く」という感覚があなたを一番良い方向へと導いてくれるのです。

これは本当に牡牛座のすごいところで、たとえば「スーツケースひとつ持って海外出張を繰り返す仕事のポジションにつく」と決めたら、何年か後にあなたはそれを実現してしまったりします。だから、「あ、私にはいまこの仕事が必要だ」と感じることを大切にしてみてほしいのです。「最高の条件ではないかもしれないけど、この仕事での体験は役に立ちそうだから2、3年はやってみよう」と感じとれるかどうか。

仕事に関して、あなたは理想の自分とともにいるべきです。「この努力を続けて2年後には最高にカッコイイ自分になる」って。そのイメージを持って、そのためにいま何をすべきかを絶えず取捨選択すること。追い詰められたら、たまに現実逃避の旅に出るとか引きこもることもやってみて。

牡牛座の人は、「好きなものとの距離感の課題」が目立ちます。あなたは、本当に好きになったものに対しても、一歩引いて応援団に回ってしまうような奥ゆかしさがあります。よっぽど好きで気が合うエキセントリックな人は除いて、潜在的に「他人が自分のテリトリーのなかに入ってくること」と「自分が他人のテリトリーのなかに入っていくこと」に対して強い抵抗感を持っているからです。

だから、好きな人やモノを「応援するだけでいい」と思ったときこそ、「応援団から一歩前へ。ほら私、楽をしない！」と自分に声をかけてあげてください。あえてこのセリフを言うことによって、「応援団でいいや。そのうち状況が動くかもしれないし」と思っている内気なあなたじゃなくて、「好きになったものはとにかく至近距離に近づいていたい」という獰猛《どうもう》なあなたの成分が勝ってくれるのです。

「応援したい」という気持ちは、恥ずかしがり屋のあなたを一歩前に出してくれます。でも、本当はそこからがスタート。慌てず、怖がらずにさらに踏み込んで、「次の一歩」を前に進んでいってください。

## SNS

牡牛座の人って、好きになったものに対して、必ず物理的に「距離が近くなる」傾向があります。

なので大好きな食べ物や動物の写真をＳＮＳに載せるときには、鼻を近づけて「スーハー」するような距離で撮ってしまいます。

とにかく大好きなものを連続して載せ続けたり、接写し続けたりすることが多いのです。

好きなものだけ載せる、好きなことを言い続ける。そして、たまにすごい毒舌や極端に過激なことを言うので（＝ちょっともう人間のことは信じられなくなりました……とか）、「みんなに見せる」という意味であんまりバランスがとれていない面もあります。

でも、それがあなたの魅力でもあるので、必要であれば公式のアカウントとプライベートだけのアカウントを使い分けてやってみてください。

あなたにとってＳＮＳは、大好きなものを載せ続ける場所だから。

しいたけのつぶやき

## 牡牛座って「ペロペロコレクションに囲まれた犬」

牡牛座の人って
好きになったものがずっと好き。
クンクン匂いを嗅いで、
土をひっかけて隠して、また出して
ペロペロやってる犬のよう。
牡牛座が心を許した人の扱いって
すごく分かりやすくて、
家や馴染みの店で
「ペロペロコレクション」を
見せてくれたりします。

開運ワード

## 「かわいい！」

すごく極端な話、「かわいい！」がない世界であなたは生きられません。ひとつここにアドバイスを加えると、あなたがかわいいと感じるものって、他の人から見たら「ちょっと気持ち悪く感じられるもの」であってもかまわないのです。牡牛座が惹かれる世界は「かわいいとグロテスクの間」だから。あなたが魅了されるものって「パワーがあって、どうしても心が惹きつけられてしまうもの」です。「美しさのなかにどこか幼さやかわいらしさが残るもの」。あなたはそういうものに特別なフェチズムを感じやすいです。

## 「クンクン」

牡牛座ってちょっと犬みたいな性質を持っていて、好きになったものをとにかくひたすら「クンクン」匂いを嗅ぎ続けたいという原始的な性質が強く残っています。たとえばエスニック料理が好きな人って、香辛料とスパイスの匂いを嗅いで、「さぁ、いまから大好きな料理を食べるぞ」と思ったときにすごくストレスが発散されますよね。あなたが不調になったときは、周囲の匂いを感じられなかったり、色彩のない世界に行ってしまっている場合が多いです。匂いを嗅いで、景色を見て、五感の復活を。

## 「私は一番」

あなたが持っている、とても強い性質に「自分を客観的に見すぎてしまい、自分には何もない」と決めつけてしまうというのがあります。疲れてしまっているときはとくに。牡牛座の人って「素晴らしいセンスを持った他人」を発見する力が強いのですが、自分自身は影に隠れようとするところがあります。でも、変に遠慮をする必要はないのです。自分に自信を持ちたいとき、あるいは自分の意見を言えずに怒りや悲しみの感情を抱えてしまっているとき、「私は一番。一番になる人は目立たなくちゃいけない！」と心のなかで言ってみてください。あなたのセンスや才能は、華やかに彩られた舞台でより輝くのです。

牡牛座のあなたへ

しいたけからのメッセージ

# 「私がやってみる」がいい

牡牛座ってエキセントリックですごく面白い人たちなのに、なんていうか「光が当たるメインのスポットに出たがらない」というか奥ゆかしさがあります。「いいよいいよ、私は」ってけっこう遠慮しちゃうのです。あなたはセンスがある人のサポーターとしての優れた手腕とやさしさを持っています。

でも、これからのあなたは「私がやってみる」じゃないと不満が溜まっていってしまいます。完成のクオリティを気にしすぎず失敗してもいい。「もうちょっとうまくやれたら」と後悔するようなことがあってもいいから、前に進み続けてください。そこに必ずあなたの未来へつながる道があるはずだから。頑張って！

3章

# 双子座《ふたござ》

5/21–6/20

つまらないことや
センスの悪いことが大嫌い。
興味のない話は
聞こえないフリで通す…

頑張る動機がいつもシンプル。
誰かのためでも
「自分がやりたかったから」と言える

Gemini

双子座って、もう本当に「つじつまを合わせていく天才」なのです。

ちょっと子ども時代を思い出してみてほしいのですが、小学校とかでクラスの人気者になる子って「授業中に先生に当てられて正解が分からなくても、なんかその場の思いつきで返しちゃう子」だったりしましたよね。

双子座はそういう「その場で思いつくテキトーに生み出した答えが、用意されていた正解を凌駕《りょうが》しちゃう」ぐらいに天才的なひらめきを持つ人たちなのです。

だから、大人になってからも自分のなかに「何割かのテキトー成分」を持っておく必要があります。

たとえ周囲から少し怒られるようなことがあったとしても、「大丈夫、大丈夫。なんとかなるって。とりあえずやっちゃおうよ」という考えかたでいく。

何に対しても「大丈夫。私に任せて！」って、子どもが言うように自分を信じてあげた双子座って、大人になってからも数々の奇跡を起こしていきます。

あなたは人生のなかでさまざまな奇跡に出合っていきます。だからこそ、奇跡の取り扱いかたは知っておいてください。

そのやりかたは、「私のこと好きなんでしょ？　分かってるって」です。他人も、運命も、あなたのことが大好きであなたに味方をしたがっている。そういう「最強に根拠の無い自信」を持つことがぜひとも必要なのです。

「私はあなたのことが好きだから協力してあげる。頼まれていないけど。断ったら嫌らがらせする」と、笑って言える素敵なクソガキでいてください。

基本性格

◆その場で物事のつじつまを合わせていく、ひらめきの天才

◆子どもみたいに熱中し、根拠のない自信で奇跡を起こす

◆大人になりきれていない自分を抱えている

蜜

*Gemini*

双子座って「自己本位のミラクル」を起こせる人なのです。

そこに双子座のチャーミングな面白さがあります。

たとえば、仕事が終わった後にどうしても買いたい洋服があるとか、子どもの頃なら「見たいテレビ番組がある」とか。

そういう場面で「よし、今日は絶対に早く帰るぞ。私のために」と決めたら、みんなをまとめあげ、モタモタしている人をもシャキッとさせるアドバイスをし、そして「じゃあこれで！」と言って颯爽《さっそう》と帰っていくのです。

あなたのカッコイイところって、他人に対してどんなにいいことをしてあげたり、自分が所属する組織に対して素晴らしい貢献をしたりしても、あくまでも〝自分のため〟と言い切れちゃうところなのです。

「早くみんなに成長してもらって私は好きなことをしたいから」と言えてしまう人。

あなたは自分の人生を楽しくするために周りへの貢献を惜しみません。

「私がこの世界にいて良かった。だって私面白いもん」とたまにはひとりでつぶやいてジーンとしてください。

# 毒

双子座の毒は、とにかく気まぐれなところ。「それ超面白い。いつでも手伝うから言ってね！」と言った翌日に、いきなり音信不通になることもあります。あなた自身が「明るいときの私と、すごく冷めているときの私ってどっちが本性なんだろう」と考えてしまうことがあるぐらい、日や場面によってテンションにかなりの差が出ます。とくにあなたが「面白くない」と感じたものに対しては、「え、それ本当に面白いと思っているわけ？」とひどくこき下ろすし、「あ、ごめん。聞いてなかった」と「聞こえないフリ、気づかないフリ」もよくします。

あなたは「自分が、そして世の中が面白いと感じるかどうか」をすごく重視する人です。「ただ頑張りました」とか「どれだけ時間をかけたか」に対しては、あまり価値を感じられません。「これ、センスないなぁ」とあなたが感じてしまったものに対してかなり冷淡な態度を取ってしまう。でも、あなたがそうなるときって、実は明確な理由があるわけではなくて、「単純に機嫌が悪かった」ということも多々あります。成熟した双子座は他人の「いまあるセンス」よりも「その人が努力しようとした過程」を見つめることができます。

「頑張ったであろう部分を見てあげる」――それがあなたの課題になります。

## 全体運

2018年の双子座は「プライドを再構築する」期間に入っていきます。あなたにとって「自負心」、つまり誇りに思う心はすごく大切なものなのです。とくに双子座は「え、私できますけど何か？」みたいな、〝ちょっと背伸びしたプライド〟を起動力として大切に持ちます。「できない」と言うのが嫌で、そう言うくらいなら「興味がないし、やる必要もない」と宣言したほうがマシだと思っているところがあります。

でも、そんなあなたでも2017年から2018年にかけては「くおー、これはできない」と壁にぶつかったりすることも多くなります。これはすごく大切なことなのですが、人って自分にとって「一番恥ずかしいセリフ」を言えるようになったとき、奇跡が起きます。以前の自分なら絶対に言いたくないセリフや、プライド的に絶対できなかった態度を取れたときって、本人のなかにものすごい成長があったときだから。あなたにとっての人間的な成長って「ひとりで恥をかかないで格好良くこなせる私」を築くことではなくて、「得意なことは力になれる。でも、苦手なことに関してはクールになれないところもあるけどよろしく」と周囲を頼れるようになることなのです。

## 恋愛

双子座の恋愛において、とくに必要なのが「ドキドキ感」です。恋愛中のカップルには「じゃれ合い」がよくありますよね。相手が怒るか怒らないかのスレスレの冗談を言う、みたいなこと。「やめてよもう」と笑い合うような感じ。

双子座の人って、そういうふうに相手に何かちょっとだけきわどいことを言って、それで相手がポカーンとするとか、照れてしまうとか、ちょっとだけ怒るとか「ギリギリのところへ打ち込む」のが得意だし、好きなのです。

だから、あなたが好きになる相手は「からかいたい」「冗談を言いたい」、そして「真面目なことも話したい」と思える相手です。

ただ、少し注意が必要なのは、双子座は表と裏のギャップが激しい人でもあります。だからもしもあなたが表の顔として「すごく自信ありげで、なんでもできるクールな自分を演じている」のだとしたら、恋愛においては「すべてにおいてまったく自信のない」裏の顔が強く出てしまったりします。できれば「できない私」や「自信のない私」は恋愛においては控えめにして、家族や親友の前で見せたほうがいいですよ。

## 仕事

双子座のすごいところって「理想の叶えかたが柔軟」なところです。
たとえば、誰でも言葉では明確にはできない部分もあるけど、「理想」って持っているものです。「働くならこういう場所がいい」とか「こんな仕事に挑戦して結果を出したい」とか。

一方、双子座の人は「絶対にこうでなければいけない」という理想がそれほどないかわりに、「現実面で工夫してなんとかしていく」ための知恵と努力に力を割きます。それは、クールで冷静だから「まぁ、仕事面ってこんなもんだよな。私はプライベートが充実しているからいいや」と割り切って、現状を肯定しようとしているためでもあります。

もちろん、割り切るのは悪いことではありません。でも、あなたはもっともっと力を持った人なので、仕事で「本気の理想」を目指すことに関しては、大人しくなりすぎないようにしてください。あなたは多少「クソ生意気」なところがあったほうが調子がいいのです。仕事面でも「あなたたちにはできないかもしれないけど、私にはできるのよ！」って、心のなかで思っているくらいがいいのです。

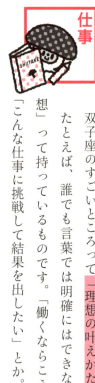

双子座に目立つ悩みは、「私が私らしくいるためにはどうしたらいいのでしょう」というもの。これに対する答えとしては、たとえば恋愛面だったら「上から目線」をキープしてみてください。「私といられてよかったね」って。

これってとても大切なことで、どんなにキラキラしている人も、はじめから自分に自信なんてないです。そう、「自信がある」って、はじめは嘘なんです。いつも苦手な教科があって、次のテストこそは頑張りたいときに、最初につかなきゃいけない嘘は、「できる気がする！」です。そして、その嘘をちゃんとクリアして何度か重ねていくと、いつのまにかそれが真実になっていく。

だからあなたは、「私は天才。できる気がする！」と嘘をつかなきゃいけないのです。あなたがあなたらしくいるには、周りに対してちょっと「上から目線」である必要があります。「自信がない自分」ももちろん大切にしてあげてください。でも、あなたは失敗しても、うまくいかないことがあったとしても、そこからちゃんと前を向いていくことができる人です。

## SNS

双子座のＳＮＳって「超楽しい！」と「私、いま病んでます」に激しく分かれます（笑）。そこにプラスして、「真面目に考えていきたいこと」への取り組みが間に入る感じなのです。

まず「超楽しい！」に関してなのですが、それこそＳＮＳの教科書通りに「この楽しさをみんなと共有したい！　すごく楽しかったよ！」と記録に残しておきたいような体験――そういうときの投稿って、あなたは独壇場と言えるぐらいに**見る人たちをハッピーな気持ちにさせます。**あなたは「楽しい」「好き」と思えるものを写真などの記録に残すときに繊細に気を遣い、「よく残す」ためのセンスに優れています。真面目な意見の投稿も臆さずにやってみてください。みんながあなたの知らなかった内面に注目するチャンスになります。

「病んでる」と感じるときには、ちょっとＳＮＳから離れてみてもいいかもしれません。病んでいるのに「いつもの私のイメージを守らなきゃ」と無理に投稿すると、ちょっとずつ疲れが溜まってしまうから。

しいたけのつぶやき

## 「ギャンブラー気質」の双子座

双子座ってすごく
ギャンブラー気質があります。
「多少波乱が起きても、面白い波が
起きた場所に私は乗っていく」
気持ちが大事なのです。
「私にピンチはない。それはチャンスだから」って
思ってほしいのです。
競争意識を取り戻すためには、
簡単なゲームで勝負をするのもいい。
「ちょっとこのトランプで
真の王者が誰なのか決めよう！」とかやると、
その勝負に自分が燃えます。

開運ワード

## 「え、ちょっと待って。私って天才かも！」

双子座は物事の本質をつかむセンスと向上心に溢れています。たとえば勉強するにしても、「いい成績をとって両親に褒められたい」とか他人の評価よりも、「さっさと宿題を片付けて好きなテレビを見たい」とか個人的な理由のほうが動機になるのです。「私が楽しい！」限りにおいてはすごい力を発揮するのですが、「え、なんでこんなことやっているんだろう」とテンションが上がらないと、すぐに「はいもう無理～」と投げ出したくなります。だからこそ日常の小さな機転や成功体験に対して、ちゃんと「天才だ私」と自分が喜んでおく必要があります。

## 「あなたには不可能かもしれないけど、私には不可能はないの」

双子座には「みんなにはできないかもしれないけど、私にはできちゃうの。もっとあがめて！」と、子どもみたいな善良なイジワルさ（別名「小憎たらしさ」）が必要なのです。「もう本当にクソガキだよね」と仲の良い人から言われてるときのあなたって調子がいいときだから。周りに比べて「できてしまってごめんなさい（ニコッ）」とやるほうがパワーがみなぎるのです。こういうことを言っても悪く思わずに盛り上がってくれる人と親友になれるし、あなたが生きていく時間のなかで「くだらないことや毒舌を言い合う時間」はとても重要なものになります。

## 「いや、そんなことないですけど」

双子座は純粋な人だから「嫌いな人の話を黙って聞く」ようなことをずっと強要され続けると頑張る力が失われていくのです。だから同調し続けずに「いや、そんなことないですけど」と自分の本音を小出しにしておく。〝勝手に仲良し扱い〟されたらピシャリと断るとか、相手にバレないような小さな悪意で「ホント、お話が上手ですよね」とか「ちょっとした一撃」を加えておくことも必要です。イギリス人がよくやるブラックユーモアと双子座の精神は似通っているところがあります。

双子座のあなたへ

しいたけからのメッセージ

# 「私のおかげね」って思ってあげて

「双子座がいなければ世の中は面白くならない」。センスがある人はあなたに対してそう感じます。あなたは余計なことをします。軽口をたたきます。多少不謹慎な冗談も得意です。そして子どもっぽいところがあります。でも、そんなあなたに会うと、みんなは救われるのです。なぜなら、あなたは軽口とは裏腹に「あれこれ深刻に考えるんじゃなくて、とりあえずやってみよう」を大切にしている人だから。新しく、面白い体験を歓迎できる人だから。

だから、あなたはちゃんと周りに対して「私のおかげね」って思ってあげてください。あなたの上から目線の生意気さが、周りに笑顔をもたらすのだから。

# 4章

# 蟹《かに》座《ざ》

6/21−7/22

身内に厳しく、
プロ意識のない人にキレる
「隠れ短気」な面も…

苦手なことは克服するまでやる。
他人の成長を見守ってサポートしたい

Cancer

蟹座が生きていく上で一番最初に学ぶことって、「デリケートな自分をどう守るか」になってきます。蟹座の人はすごく強い特性のひとつとして、「自分が苦手と感じた分野を放置しない。鍛える」ということをすごくします。たとえば「人前に出て話すのが苦手」とか「ある人と分かり合えなかった」とか、そういう〝心の傷〟となりそうなものをそのまま放置せずに、ちゃんと自分なりに向き合って修復したり、克服しようとしたりするのです。あなたは我慢強く、苦手に思ったものを放棄しないという性格を持っています。

よく蟹座って「母性が強い」と言われるのですが、なんでもかんでも温かく見守るお母さんのようなイメージではなくて、「自分の愛すべき生徒がちゃんと頑張っているかどうかを見守るクラスの先生」のような存在感です。好きな人や愛する人との間にも適度な距離を保ちます。なんでも許すわけではないのです。

「きちんとやろうとしている人をきちんと評価する。そしていくらでも手伝う」。

蟹座の愛情行動は損得ではなく、放っておけない人を手助けする行動が多いのです。

だからこそ、少しだけ蟹座の裏の顔を紹介すると、「ドS」です。

あなたは直感的に「自分の苦手な部分を放置している他人」を見抜きます。「まだ全部の力出してないよ。できるよ。その言い訳もう聞いたよ。何回言うの？ そしていつまでにできるの？ そろそろ行動で改善点を示してよ」とけっこう容赦のない調教を他人に対してやります。

あなたにとって愛情とは、単なる甘い言葉で傷を舐め合うものではなくて「傷に対してどう自力で立ち向かっていくか。努力なき者は去れ」という鬼教官としての愛情面が強くあります。

「面倒見が良さそうだけど付き合ってみたらドS」。それが蟹座の裏の評判としてあったりするのです。

### 基本性格

- **◆人間関係をそつなくこなす、外面の良さ**
- **◆人の素質を見抜く力があり、愛情を込めて行動できる**
- **◆身内に厳しく、寛容に見えて実は「隠れ短気」**

蟹座のすごいところって、いろいろな場面で「きちんとする」を大切にします。よく、どの職業においてもプロフェッショナルとされる人は「隅々まで手を抜かずに丁寧に仕上げていく」という評価のされかたをすると思うのですが、蟹座はまさに**「手を抜かない人」なのです。**とても強い現実主義な面もあり、「出たとこ勝負でやる」とか「無意味な楽観主義」は持っていません。うまくできなくてショックを受けるぐらいなら、ちゃんと自分なりにいまできる努力や準備を重ねる。そして自信をつけていく。そういう**着実な積み重ねを大切にします。**

ただ単純に「他人に喜んでもらえたらいいなぁ」という空想で終わらせずに、「喜んでもらうためにはまず何をしなければいけないか」の戦略をきちんと練り、そして行動します。

また、蟹座の人は**「人を見抜く力」にも優れています**が、それは他人に対しても「きちんと考えて行動してきた人なのか」をよく見るからです。「物事にちゃんと愛情を込めること」――言葉にするとシンプルなのですが、あなたはその「人としての基本」を長い時間をかけて大切にします。

蟹座の毒は「身内に対して厳しすぎる」ところです。あなたはとにかく「ちゃんとしていない人」が苦手。ブチ切れそうになります。それが「今後の人生で関わらないであろう第三者」ならなんとも思いません。でも、自分が人生の時間のなかで関わっていく「身内枠」の人にプロ意識や責任感がなかったりすると、すさまじく怒ってしまうことがあります。あなたの面白いところって、「この人とは深いつながりになるだろうな」と予感する人と「その他の人」を感覚的に分けてしまいます。だから、それまで「同僚としての付き合いしかなかった」人があなたと縁が深くなったら、そこで発揮される厳しさに相手は戸惑うはずです。

蟹座は、幼児期など人生のわりと早い段階から「理想の身内関係」を築こうとします。父親や母親に対しても「私はこういういい加減さは嫌。こういう行為は歓迎」とハッキリ伝えようとします。30代前半をすぎると母性のほうが強くなるので、そこまで厳しくはならないのですが、そうやって人との関係を切りすぎてしまうと、いつのまにかあなたは「とりつくしまのない人」になっていってしまいます。あなたが身内枠に入れる人って、はじめに必ず「その人に対する尊敬」があったはずだから、その原点をつねに思い出してください。

## 全体運

2018年の蟹座は「新しい私の構築」の時期を過ごしています。この時期のあなたは「体当たりしていく感覚」が必要になってきます。それって言うなれば「はじめての海外旅行体験」みたいな感じなのです。海外って文化が違うわけだから、「こうなって当たり前」が通じません。分からないことや手伝ってほしいことがあったら自分から声をかける。YESとNOをハッキリと伝える。そのときに日本的な文化の美徳でもある「やさしさ」の用いかたに葛藤することもあると思います。いつものあなたってもっとやさしいから。

でも、2018年のあなたは「新しい土壌や自分のコミュニティ」を作る最中。だから無理して「大丈夫だよ」と安請け合いをしたり、NOと言うべきところで言わなかったりすると、後から自分の余裕がなくなって悔いてしまうこともあります。海外の人がそうであるように、NOと言うときは「それに対して私は責任と愛情を注ぐことができません。だからそうできる条件をきちんと話し合いたいです！」みたいなニュアンスで言ってほしいですし、「ありがとう」「I love you」などの肯定的なジェスチャーはいままでよりも大げさに伝えていくといいと思います。

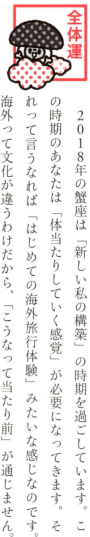

## 恋愛

蟹座の恋愛は「2人で1人」から「2人で2人」がキーワードになってきます。蟹座が誰かを好きになるときって、その人の「特化した能力」をすごく見ます。「この人は仕事では自信満々だけど、本当は寂しがり屋なんだろうな」とか、「この人はみんなの前では頼りなく見えるけど、愛する人ができたらすごく強くなりそうだな」とか。「あなたはこんな人です」の項目でも触れましたが、蟹座って「教え子の特性をよく見抜くベテランの教師」みたいです。人の隠れた良さを伸ばしたいと願います。

だから恋愛でも「弱点を共有」して、すごく縁が深い関係になりやすいのです。弱点は多くの人にとって大勢の前で見せたいものではないから、共有できると関係性が濃くなり、「この人さえいれば、あとは何もいらない」というぐらいまで「2人で1人」の濃い空間が生まれがちです。でも、ここ最近のあなたは恋愛だけに没頭せずに自分の時間をちゃんと持ち、「2人で2人」の恋愛に移行していっています。ときには「本当にこの人でいいのかな。同じものを感じ合えないのかな」と寂しさや疑問を覚えることもあるかもしれませんが、その「差」を大切にしてください。そして相手の「尊敬できる部分」をつねに見てあげてください。

## 仕事

蟹座の仕事は、「最後までやり抜く」気持ちに支えられます。蟹座ってちょっと武士における「御恩と奉公」みたいなところがあるのです。たとえば、現代では仕事って「会社と自分、お互いの利益が合致するから働く」というふうに利害関係によって成り立っている面があります。でも蟹座の仕事に関する感覚は、「忠義」とか「自分に期待されたものに対して報いる」というものが強いのです。

だから、仕事は基本的に限界を超えてもやります。もちろん全部の仕事についてではありませんが、「先輩が立場を抜きにして、夜遅くまで自分に仕事を教えてくれた」とか、そういうことをあなたはよく体に刻み込んで憶えているのです。そして、そこに報いる。

あなたの仕事の概念は「人と人」とで強く結びつけられます。だからこそ「ワーカホリック気味」になってしまうことは否めないし、仕事に対して命懸けで、プライベートにおいても「あんたそんなんでやる気あるの？」とか、仕事の論理で厳しく人を査定してしまうようなところも出てきます。「真剣ならやれ。いい加減なら去れ」という武士の面が強く出すぎるときには注意してみてください。

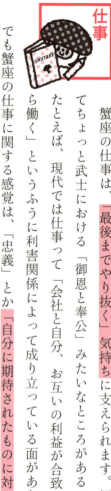

蟹座に目立つ悩みの題材は、「別離」と「ひとり立ち」について。とくに2017〜2018年の蟹座は、ある人から（あるいは〝ある人たち〟から）「受け取ってきたものがあるからいまの私がある」ということをテーマにしています。

蟹座の人って、本当に不思議なことに「縁が深くなる人」が人生のターニングポイントがやって来るたびに出てくるのです。そして、そのほとんどに明確な理由が見つけ出せなかったりします。「なんでこの人（たち）と縁が深くなったのか」が分からないうちに、その人から渡される贈り物を受け取っていかなければいけないという感覚なのです。

一方で、ここ最近の蟹座は「誰かと強く結びつけられた私」だけではなくて、「私はどうしたいか」を自分ひとりで決めていかなければいけない局面も増えてきているはずです。

「私は受け止める」――それがいまのあなたの前に道を作っていってくれる言葉。

どうか恐れずに進んでいってください。

蟹座のSNSでは、「いつもみんなの前で出していない別人格」が出やすいものになります。蟹座の人の心のなかって、いくつかの「部屋」がある感じなのです。

たとえばそこに「子ども部屋」があるとしたら、その部屋はあなたが大人になっても「子どもの頃に大切にしていたアニメやおもちゃがそのまま置かれている」感じだし、「思春期部屋」には大人の話を鵜呑みにせず「それ、おかしくない？」と言っているあなたがいます。そんないくつかある「部屋」にいる自分のどれかが、そのときどきで顔を出します。

あるときは「思春期部屋」にいる自分が感じたものがそのまま表に出たり、小さい頃に感じたファンタジーをそのまま出したり。SNSでは、どの部屋の自分を出すのも自由だから。

あなたの世界って、年齢が変わっても「そのときそのときに感じた大切なもの」が色褪せずにそのまま保存されているのです。だからその素晴らしさをみんなに、感じるままに伝えていってください。

しいたけのつぶやき

## 蟹座の顔も3度まで

蟹座が愛想笑いをしてくれてたら、
それはまだ「お客さん」として
扱われているということ。
本音をビシビシ言い出したら、
ときに厳しい意見に感じられたりするけど
「この人を信用したい」って思われている。
ちなみに「蟹座の顔も3度まで」という
言葉もあって、3回ぐらいまでは愛する人の
迷惑な行為を受け容れます。
でも、3回目を過ぎたあたりから
「あれさ、何考えてるの? もう
いい加減にしてほしいんだけど」
と詰め寄ってきます。

## 「私はいま、〝新しさ〟を求めているんだろうな」

これはちょっと説明をしたいのですが、蟹座ってかなり強く「隠れ短気」の性質を持っています。蟹座は大人になる過程で「この人が一緒にいれば大丈夫」という理想の関係性を「身内」に作ります。そして以後の人生でもそれをベースに生きていきます。でも、ここ最近のあなたは「身内性を壊して、新しい関係性を築いていくこと」に果敢に挑戦しています。当然、方向性について迷うことも多くなると思います。そういうときこそ、この言葉を自分に伝えてあげてください。恐れる必要はありません。

## 「結果よりチャレンジを」

ここ数年のあなたって、びっくりするほど「攻めている」はずなのです。もともとはデリケートな性質を持っているから、「コツコツと成果を出しつつ前に進みたい」とか、「自分が傷つくようなことは様子を見てチャレンジしたい」という慎重な姿勢が目立つ人たちなのです。でも、いまのあなたは「結果」よりも「チャレンジ」に重きを置いています。だから途中で「本当にこの方向で大丈夫なのかな」と途方にくれることもある。そういうときは「苦しさは挑戦する者につきものなんだ」と自分の勇気をちゃんと称賛してあげてください。

## 「それ嫌です」

喉が渇いてカフェに寄って、オレンジジジュースを頼んだのに温かい紅茶が出てきた……。それを断るような感じで「NO」と言ってください。蟹座って「無理」って言いたくない人なのです。苦手なことでも自分が「向き合う」と決めたからには逃げたくないし、「苦手意識を持つ」のも嫌。自分を鍛えて、「苦手なものが苦手じゃなくなるように克服する」行為を自然とやってしまうのです。でも、いまのあなたは嫌なものを無理に克服する必要はなくて、自分で選んだものに一生懸命取り組んでいけばいいだけですよ。

蟹座のあなたへ

しいたけからのメッセージ

# 心のなかにある部屋に宝物がある

新しい自分を作るときって予想以上にいろいろなことが起こります。ときには、その起きた出来事が大きすぎて「え、これが本当に私に起きてるの？」と、それをどう捉えたらいいのか分からないこともあるかもしれません。でも、あなたにいま起きていることは、未来のあなたにとっての大切な宝物のひとつになります。

あなたは年齢を重ねても、子どもの頃に見て、触れて感動したものを、きちんと「あなたの心のなかにある部屋」に残しています。そして、これから先もあなたの部屋にたくさんの宝物を残していってください。勇気と願いをきちんと持って。

5章

# 獅《し》子《し》座《ざ》

7/23−8/22

仲間思いの親分気質、
パワフルに偉業を成し遂げる

倒れるまで
自分を追い込む努力が、
ときどき「重い」…

Leo

Leo

「獅子座ってどういう人？」と言われたときに、まっさきに出てくるキーワードが「プライド」になります。

「プライドが高い」って、世の中ではどちらかと言うと肯定的には使われないから、獅子座にはどこか「みんなの前では自分を隠さなきゃ」と自制している人が多いのです。「あ、私は別にどこにでもいる人間ですし、そんなに特別じゃないですよ」って。だからこそ、「素直に自分を出せる人って羨ましいな」と思うこともあるはずです。

でも、いまこれを読んだあなたには、ぜひ「プライド」がもたらす素晴らしい面を取り戻してほしいのです。獅子座はそのプライドによって、自分の人生をかけて「特別なことをしていこう」と理想に燃えます。自分に任されたことや期待されていることに対して100パーセントで臨もうとする。だから当然、傷つくことも多くなります。「何やってんだ自分」と落胆することも多くなります。人生に対して本気で挑んだ人だけが負う傷をたくさん持ちます。

それでも、あなたのその「懸命さ」が、たくさんの人に必要とされていることを忘れないでください。

あなたはプライドのために生きていい人です。本来の意味でのプライドとは「他人にバカにされないように頑張る」とか、そういうネガティブなものではありません。「私ね、ついやっちゃうんだよね。そこまでやる必要はないかもしれないんだけど、他人に喜ばれることに対して手を抜けないの」って。それがあなたのプライド。

だから、イメージとしては「大阪の食堂のおばちゃん」です。お腹を空かせた学生さんが来たら、つい大盛りでご飯をよそってあげちゃう。「この子頑張ってるな」と感じた人に対しては積極的にサービスをしてあげてください。

「好きになった人を本気で応援する。そして、自分が努力してきたことに対してきちんと誇りを持つ」。あなたにとってのプライドとは、そういうものなのです。

基本性格

◆高いプライドが原動力
◆自分に甘えを許さず、いつも真剣勝負
◆頑張ってる人を本気で応援するサービス精神

蜜

Leo

獅子座は理想を持つ人です。

そしてさらにすごいところは「自分ひとりさえ良ければいい」というわけではなくて、自分に関わってくれる人のことまで考えて理想を追求しようとすること。そこにどうしても獅子座の葛藤が生まれてしまいます。

「理想はひとりで追うもの」と孤独も請け負う自分と、みんなのことも考えて「困っている人を助けたりして、面倒見がいい自分」と……。他の星座の人には考えられないほどの「律義さ」をあなたは持っています。

あなたは人として美しくあろうとします。自分に甘えを許さず、人が驚くぐらいの偉業を達成したりします。その努力の間、人に弱音を吐くことがないかもしれません。だからこそ、あなたを想う人は「この人はすごく美しいけど、どこか無理をしている。どうにかしてこの人の手助けってできないかな」と感じています。「たまには自分が助けてもらう側に回ろう。この人には私にはない素晴らしさがあるから、その素晴らしさを教えてもらおう」と、人に対して心を開いていくと、もっともっとあなたの輝きは増していきますよ。

# 毒

獅子座の毒は、「どんな場面にあってもヒーロー&ヒロインになってしまう」ところ。たとえばどんなに苦しいときも、自分自身を悲劇の主役に見立てて、そのイメージに浸ってしまうのです。それでどういう弊害が生まれるのかというと、他人から見たらあなたの努力がちょっと「重っ！」となるのです。「自分のことって分かってもらえない。結局、結果を出し続けなければ私は誰にも必要とされないんだ」……と自ら他人との間に「壁」を築いて「孤高を背負いすぎる」のです。「これは私の問題だから」と、あなたは他人が自分の内面に入ってくることを簡単に許可できません。その結果、倒れるまでやる、もしくは倒れる寸前まで自分を追い詰めることが慣れっこになってしまうこともあります。

「ゼロか１００か」に慣れる前に「ねー、いまこういうことを頑張ってるんだけど、ここがちょっと不安なんだ。どうしたらいいかな？」と、経過報告ができればいいのです。成熟した獅子座は、「自分の問題を自分だけで抱えない意識」を持ちます。ひとりで抱えると「永遠に頑張り続けなければいけない私」にハマる可能性を知っているから。「苦手や弱点はみんなある。だからそれを素直に見せるのは恥ずかしいことではない」と思ってみてください。

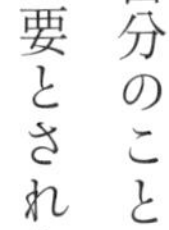

## 全体運

２０１８年の獅子座は「シェア」の時期を過ごします。獅子座の人には「事後報告性」みたいなものがあって、自分で目算を立てて実行し、そして結果が出せるところまでたどり着いてはじめて、「いま私こういうことを頑張っているんだ」と周囲に報告するようなところがあります。違う言いかたをすると、あなたは自分がまだ「未熟」と感じていることについて、「一人前になる」「結果が出せる」ようになるまで黙って努力を続けます。なぜなら、頑張っている途中で「無理かも」とひと言でも弱音を吐いてしまったら、緊張の糸が切れて、そこから「ＭＡＸで頑張る自分」に戻す方法が分からないのです。

そこであなたに提案したいのは、「歩いてもいいじゃないか」ということです。あなたは全速力で駆ける人。でも、「思うように走れなくて、歩いてしまうとき」があったとしても、それはあなたにとってとても大切な時間に必ずなります。ゴムはつねに引っ張り続けることはできません。ゴムは縮み、そして弾けます。「スピードが遅いときがあっても慌てない」――これがこの２０１８年に意識してほしい感覚のひとつです。良いことも悪いことも周りとシェアする私。歩いてもいいという勇気が持てたとき、より多くのことを人とシェアできるはずです。

## 恋愛

獅子座の恋愛観は「大丈夫かな」がまず一番はじめにきます。獅子座の人は総じて「慎重」です。普通は「あ、行けるかも」とアクセルを踏むような瞬間に「いや、難しいかもしれない。きちんと準備しなければ」とブレーキを踏むのです。本当はあなたがブレーキを踏むときこそ、「行ける可能性があるんだよ」と意識してほしいところなのです。

また、獅子座は「自分が引っ張らなければいけない」とか「リーダーでいなければならない」という長男・長女体質があります。恋愛がダメになったときを想定して、「自分を見失わないように学業や仕事を頑張ろう」としがちですが、恋愛って「しっかりしていない自分」がすごく出るものです。勇気を出してダメな自分を織り込み済みにしてあげてください。そして、相手に尊敬されなくても大丈夫です。ちょっと勇気が必要ですよね。

でも、それで傷つくことがあっても、あなたがしてきた努力や人に喜んでもらったことは絶対になくならないから。「傷ついてもすべてを失うなんてことはあり得ない」――それがあなたが恋愛をしていく上で心がけておきたいポイントなのです。

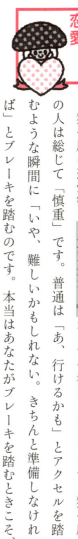

獅子座の仕事は、「特別に必要とされるかどうか」――その実感を感じられるかどうかがとても大きな重要性を持ちます。そもそも、獅子座って努力なしに「なんとかなる」という楽観を持ちません。自分に自信をつけるために、その自信に見合うだけの努力をちゃんと計算するし、自分が決めたことをやり抜きます。だから、獅子座の努力って放っておいても周りの人から一目置かれることになるし、「あの人、どこで休んだりしてるんだろう」と思われるぐらいのパフォーマンスを発揮します。

その上で、あなたがもっと仕事面で良くなっていくために必要なのは、「他人のちょっとしたところを褒める」ということです。たとえば「それかわいいね」とか。「そんなことを言う自分は、変に思われるんじゃないか」なんて客観的な視点は一度捨ててみて。あなたは戦う人でもあるから、つねに自分をジャッジし続けます。だけどときどきは休戦して、スポーツの世界で試合終了のホイッスルが吹かれたあとに相手の健闘を称えるような、そういうことを意識してやってみるといいと思います。

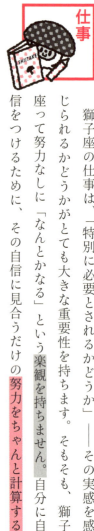

獅子座で目立つ悩みは、**「好意を伝える戸惑い」**です。獅子座は「好き」という気持ちが芽生えたときに自分をどうコントロールすればいいのか、気に病んでしまうことがあります。すごくストレスがかかるのです。「猪突猛進で行っていいのか」「自分に自信を持てるのか……」と、好きになる気持ちに対して**ブレーキをかける自分**が出てきます。「もっと自分に自信がつくまで待ったほうがいいんじゃないか」って。

でも、そんなに「好き」をヘビーに扱わないでほしいのです。「好き」って、全生命をかけた告白ではなくて、「○○さんのそういうところ好きです」というように日常の言葉として使ってほしいのです。「好き」は、「あなたのような人がこの世界にいてくれてありがとう」と相手にちゃんと伝えることでもあるから。**「好き」を即、責任問題にしない**こと。

「あなたのような人が、私が生きる世界にいてくれて嬉しい。私はこれからもあなたからいろいろなものを受け取っていきたい。そして、私のことももっと知ってもらいたいです」――心のなかでちゃんと願うこと。**「好き」という言葉のなかに「ありがとう」を込めて**あげてください。

## SNS

獅子座の人のSNS活用は、コツが要るかもしれません。というのも獅子座って、最初から最後まで「正直」なところがあるのです。事実、SNSは「盛る」世界でもあります。等身大の自分ではなくて「ちょっとカッコつけたい自分」とか「ちょっとよく見られたい自分」を出せる場所ですが、獅子座はそれを自分に許さないことが多いのです。「調子が悪いから調子が悪いと書きたい。よし、これで投稿しよう。あれ、ちょっと重かったかな?」とか。正々堂々と勝負をしていきたい人だから、それで変な批判を受けたり、見当違いなことを指摘されたりするとけっこうへこみます。

でも、それでいいのです。あなたの魅力って「なんにも仕込みがないとき」に強く出るものだから。「日常の報告。思ったことを言う。それをシェアしたいから(以上!)」で十分だと思います。

あなたは、「自分がそのときに感じたことを、言葉なり写真なりで記録しておく。それをシェアしたい」という気持ちだけで十分に魅力が伝わっていきます。「面白さ」や「インパクトの強い報告」にこだわらないで。

しいたけのつぶやき

## 獅子座って激熱です

いまの時代って
「ほどほどの距離感推奨」の
クールな時代だから、
獅子座自体が自分の熱さを
「重い」とか「暑苦しいよね」
と感じやすい悲劇があります。
でも、あなたが自分の熱さを
否定してはいけない。
私、激熱《げきあつ》っすよって
「いきなりブチかます」ほうが
思ったよりうまくいきます。

開運ワード

## 「○○さんのそういうところ好きです、尊敬してます」

「獅子座の進む道は、他人を褒めるところにあり」。これは格言のひとつにしてもいいぐらいに重要です。あなたは「ずっと努力」ができる人。フワフワして建設的じゃない時間を過ごすぐらいなら、自分で方向性を決めて黙々と努力の日々を重ねられる素晴らしさがあります。でも、あなたが頑張っていることを周りの人たちとシェアすることを恐れないで。いつも隣にある言葉として、日常的に「好き」「尊敬してます」を使っていくと、とても大きな意味が出てきます。

## 「まだ人生始まったばかり」

真剣に努力をする人、自分を変えようとする人、そして100パーセントの自分を目指す人って、宿命的に傷つきます。真剣勝負ってだいたい余裕がないなかでおこなわれるから、「至らない自分」が見えてくるし、「挫折」がいつも近くにある。

あなたは「勝負をする人」。だからこそ、悪い結果が出たときに過度に落ち込まないでほしいのです。あなたの人生には「他にも大切な時間」がたくさんあるはず。何も全部失ったわけじゃないのだから。

## 「いまのあなたの願いは何？」

あなたにとって「結果」がすべてじゃないのです。もちろん結果は大事ですが、それはつねに未完成。そこにだけ目を向けていると「まだまだ自分は至らない」ということばかりが強調されて見えてしまいます。もしもあなたが生きていることに少し苦しさを覚えたら、そのときは「結果よりも願いを」とつぶやいてみてください。そして「いまのあなたの願いは何？」と自分に尋ねてみて。その願いは、「その日にできること」からはじめましょう。「ご飯をおいしく食べたい」とか「もうちょっと笑顔になりたい」とか。身近な願いをひとつひとつ大切に叶えていったとき、あなたに奇跡って起きてますよ。

ししざ

獅子座のあなたへ

しいたけからのメッセージ

# 自分の寂しさを認めてしまってもいいかも

あなたは才能があるし、そしてひとりで努力を続けることができます。でも、原始時代とか狩猟時代のように「大きな獲物」を獲ってきた者だけが英雄になるわけではないのです。あなたは狩りの喜びを知る人だし、自分で決めた勝負を最後まで戦い抜く人です。でも、あなたはもっと自分の寂しさを認めてしまってもいいかもしれません。寂しさって敵じゃないから。みんな、寂しいから「好き」と伝えるのです。寂しいから「あなたのような人がいて嬉しい」と感じるのです。

だから、寂しさを友に。自分の寂しさを知る人は、他人の寂しさが分かる人だから。だから「会えて嬉しい」を込めた笑顔を。それであなたの魅力ってすごく伝わっていくから。

6章

# 乙女座《おとめざ》

8/23－9/22

世話好きで、周囲の状況や人をよく見抜いてフォローするしっかり者

他人の尻ぬぐいに疲れると、ちょっと意地悪で無関心になってしまう…

Virgo

Virgo

乙女座の性質をひと言で表すならば、「秩序」になると思います。

ここで言う「秩序」って何かというと、「自分が関わる人や仲間の安全を守ること」なのです。

たとえば、あなたは「あ、この人って、この分野で一生懸命頑張っているけど、たぶんこういうところが弱点で、後々こういうところで抜けがあるかも？」などと瞬間的に見抜きます。

違う例で言うと、乙女座は「いい飲食店」を見抜くのがすごくうまいです。「ただおいしい」だけじゃなくて「大事な人と2時間一緒にいられる、落ち着きのあるお店かどうか」を瞬間的にチェックできたりします。

そんなあなたは、「この人、バレないと思ってサボろうとしているな」とか「この人はいつも自己中心的で自分のことしか考えてないな」などを発見するのにも長けていて、それがときどきすごくストレスになります。「そういう人たちが犯したミスのフォローは、私がしなければいけない」と思い込んでしまう癖があるのです。

「観察力があり、先手を打って動いて全体の欠点や穴を埋めることができる」というあなたの能力は、他の人の追随を許さない鋭さがあります。

だからこそ、あなたは自分のその「鋭さ」を注意して扱う必要もあります。

乙女座は気持ちに余裕がなくなると追撃の手を緩められなくなります。嫌いな人のことをすごくよく観察して「だからあの人はダメなんだ」と結論を出したくなるし、自分自身の至らないところに関しても徹底的に発見しすぎてしまうのです。

鋭さがネガティブな方向に強く出てきたら、「あ、疲れて余裕がないんだな。おいしいものを食べなきゃ」と思ってください。

「安心できる空間とおいしい匂い」が、あなたの五感や余裕の無さを回復させる鍵になります。

基本性格

◆人間観察力に優れていて、他人と自分の弱点や欠点がよく見える

◆考えを言葉や行動にテキパキと変えていける人

◆義務感や責任感の裏に素直な心がある

蜜

Virgo

乙女座ほど「蜜と毒」というテーマにふさわしい星座は他にありません。

乙女座が持つ卓越した観察力、どんな条件下でもひとつひとつ実行できることを探していく機転と行動力、そして弱者に対するフォローは素晴らしいものです。あなたは、人格面や能力面を含めて尊敬されるところをたくさん持っているのですが、その能力を「どんなときでも」発揮できるわけではありません。

あなたが力を発揮できるかどうかは、「ちゃんと敬意を払われ、穏やかで不安がなく、そして満たされているか」によるのです。乙女座って自然界の「森」みたいなところがあります。森は二酸化炭素を吸収し、光合成で人々が吸う酸素に変えてくれるなど人類にとって必要不可欠な貢献をします。でも、樹木が伐採され、その環境が粗末に扱われると、十分に機能しません。それと同じように「貢献する・貢献されること」に対してフェアでなければ、あなたは自分が持っている特別な能力を発揮することができなくなります。

もともと乙女座の美しさの成分には、「自己犠牲」があります。だからこそ、その使いかたには気をつけてほしいのです。あなたがいつまでも穏やかで、幸せであるために。

# 毒

あなたはときに他人に対して意地悪になったり、極端に無関心になったり、辛辣な批判をしてしまったりすることがあります。そんな「毒」が出ているときは、明らかに「もう限界」というあなた自身のヘルプサインなのです。乙女座は他の星座よりも我慢強く、そしてある程度までは「他人の尻ぬぐい」もできてしまいます。

あなたは「誰がやるかで揉めるぐらいなら、私がやってしまったほうが早い」と進んで仕事を終わらせます。でも、あなたが無言で「私がやればいい」を繰り返すことで、周囲は「面倒くさいことはあの人がやってくれる」という認識を持つようになってしまうのです。

そういう「フェアではない」空気が広がると、あなたは知らないうちに人間関係に対して強い猜疑《さいぎ》心を持ち、「頑張ってきたのに、自分ひとりが孤立している」と感じます。そして「みんなのせいでこんなに傷ついてしまった」と、恨みを持つこともあります。乙女座の毒は「自傷」の性質を帯びているのです。成熟した乙女座は、自分に限界が来たときこそ、他の人が「頑張っていること」をうまく聞き出して、「私も手伝ってもらえると助かります」と素直に伝えられるようになります。抱え込まずに。たまには嫌われたり拒絶されたりしてもいいのです。

## 全体運

２０１８年の乙女座は、「私ひとりの楽しみ」を強化していきます。

乙女座ってもともと「生きていくためにカバーしなければ」と思う領域が広い傾向があります。どういうことかというと、「あれもこれもできなきゃ」と完璧でない自分を許せなくなってしまうのです。

たとえば仕事が忙しいときって、いちいち丁寧な手料理なんて作っていられないのが普通なのですが、「手を抜く」ことに生理的な不快感が残ったり、ときに罪悪感まで感じてしまったりするのです。だからもしも自分の気持ちに「余裕がない。とにかく頑張らなきゃ」と切羽詰まったものを発見したら、「理想通りにいかなくてもいい。ここところはすごく頑張ってきてるじゃない？」と、ひとり査定をして自分を褒めてあげることです。義務で「やらなければいけないこと」の範囲をできる限り減らす。「知ったこっちゃない」とか「私には関係ないんで」と思うことも大事です。そして、手を抜かないで徹底的にカバーするのは「自分の楽しみ」だけに絞ってみてください。ワガママで「自分のことしか考えていないのかなあ」と思われそうなくらいが、あなたにとってはちょうどいいのです。いまのあなたは「楽しむために生きる」を強く求めています。

## 恋愛

乙女座の恋愛面で強調しておきたいのが、「ひとりでシミュレーションをしすぎない」こと。あなたと恋愛に発展する人って、「この人を放っておけない」とか「この人のセンスや面白さを伸ばすためには私が必要だ」と感じさせる人。優等生で自分を抑えがちな乙女座は、「人の評判を気にせず自由に振る舞っている人」に憧れに近い恋愛感情を抱きやすいのです。そういう人と付き合う上でとても大切なのは、「お願いがあるんだけど」と小さなお願いを伝えることです。あなたと身近に接する人たちは、いつもあなたがみんなのために、いろいろなことを引き受けているのを知っています。そんなあなたに「個人的なお願い」をされると、みんな嬉しくなるのです。

だから、恥ずかしがらずに相手が簡単にできそうなことからお願いごとを伝えていってください。いま付き合っている人とも「お願いがあるんだけど」と気安く頼めるような関係を築いていく意識を持ってみてください。小さなことを伝え合い、お互いに共有するのが、恋愛面での大切な一歩となります。そして、相手がお願いを聞いてくれたときはちゃんと喜んで、「ありがとう。とても嬉しい」と伝えましょう。あなたが上機嫌で元気でいると、みんな幸せになれるから。

## 仕事

乙女座の仕事は「誰を喜ばせたいか」と「フェチズム」がポイントになります。乙女座って、なんでもできてバランスが取れている人に見られがちですが、「強烈な好き嫌い」の世界を持っているのです。だから仕事においても、「私はお客さんの喜ぶ顔が見られるならなんでもやる」という気持ちに「好き！」が加わったら、どんな不都合もはね飛ばすぐらいに打ち込むことができます。

また、あなたは「美しい！」と感じたものにとても強く惹かれていきます。かつて17、18歳ぐらいで「大人の世界」に触れていくとき、「世界ってこんなに広いんだ」とか「こんなに美しい人（あるいはモノ）がこの世にあったんだ」と息を呑むような感動をしたことを何か憶えていますか？　その頃に「美しい！」と感じたものやある種のフェチズムを感じたことは、仕事面でも大きく縁ができるものになるので、その気持ちを思い出して心に持ち続けてください。

「私が美しいと感じたものをより美しくしたい」――それがあなたの仕事の原点です。仕事で悩んだときも「もっと美しく」と意識して、自分が接するものや自分自身の所作について見つめ直していくと、レベルアップのきっかけになりますよ。

## 悩み

乙女座に目立つ悩みは、「直感を信じていいのか」ということ。乙女座の人って「嫌いなものを嫌いじゃなくなるまで努力することができる人」です。たとえば高校生ぐらいまでなら、「苦手な教科を苦手じゃなくなるまで頑張る」のは、後の自分に恩恵が返ってくるものになります。でも、そもそもあなたは「かなり好き嫌いが激しい」部分もあるので、自分を抑えて麻痺させるような努力を続けていくと、直感が分からなくなってしまうのです。

乙女座の直感はかなり鋭いですし、当たります。ちょっと言いすぎかもしれませんが、直感で人生の大事な問題を決断していっても大丈夫なぐらいすごいのです。

ただし、その直感をうまく扱うのには条件があります。1日1回でもいいから「穏やかで、気分がいい状態を作る」ことです。あなたは「いつのまにか他人の問題までも背負いすぎて、自分に重石が載っているかのように疲れる」と感じてしまうことがあります。そういうネガティブな状態で、直感は使えません。だから窓から空を見上げて「今日も幸せだなぁ」と言ったり、「おいしい」「嬉しい」「楽しい」の時間を意識して作ってあげることが大切になります。

## SNS

乙女座のＳＮＳの使いかたには、すごく個人差が出ます。「好きなものを載せる」とか「考えたことをメモ代わりに書く」という一般的な使いかたをする一方で、「あんまり隙を作らない」という特徴も強く出てきます。

乙女座って、すごく鋭い人間観察能力があるので、他人のＳＮＳに対しても「この人はこう見られたいんだな」と冷静に見ているところがあります。だから、「自分が見られる立場」になるときには、「あ、楽しいこともあるけど、べつに毎日すごいことばかり起きているわけじゃないからね！」と周囲の目に気を遣って発信しようとします。でも、あなたは五感の力がとても優れているので、ぜひ「おいしい」と感じたものや「きれい」と感じた空間などを、写真なり文章なりに収めて発信することをやり続けてほしいのです。

あんまりＳＮＳ上で「どう思われるか」を気にしないでください。あなたが撮った写真って、「そのものの良さを最も際立たせる形」をよく捉えています。前から知っているお店でも、あなたによって「え、こんな店あったんだ」と改めて気づかされるような、そのセンスが賞賛されるものであることが多いですよ。

しいたけのつぶやき

## 「リアル鶴の恩返し」の乙女座

もう羽根が無くなってしまっているのに
ずっと「他人のため」に
着物を織ったりしてる乙女座。
余裕があれば喜びになるけど、
なければ苦しくなっちゃう。
そんな乙女座が回復する方法って、
実はモテる方法と一緒なのです。
それは「他人の時間から自分を遮断して、
“謎”の時間を持つこと」になります。

開運ワード

## 「お願いがあるんだけど」

大事なことなのでここでも繰り返します。自分で調べたほうが早いなと思うことでも、「いい店知らない？」と教えてもらうとか、小さなお願いごとを習慣にすること。「他人に任せられず、ひとりで背負い込んでしまう」乙女座にとって「お願い」は自分を救ってくれるものになります。ただ、イライラしながら機嫌悪く「ねぇ、お願い」と言ったり、気の利かない相手を非難するように聞こえてしまうと逆効果になるので、言う前に「自分の気分が良くなる行動」をとってみましょう。好きな飲み物を飲むとか、窓から空を見て深呼吸するとか。

## 「私、コミュニケーションが苦手な人が好きなんですよ」

自分の考えていることをテキパキと言葉や行動に変えていくのが得意な乙女座。その周りには「一芸に秀でているけど、社交やコミュニケーションが苦手なオタク気質」の、不器用に信念を通そうとしている人が集まりやすいのです。なぜかと言うと、あなたは「バランスがとれていなくても、私がフォローするからあなたはそのまま面白くあってほしい」と変人にやさしいし、変人と一緒にいるのが好きだからです。変人たちもあなたの前だと伸び伸びできる。そういう人たちはあなたへの恩を一生忘れません。もちろん忘れちゃう人もいると思うのですが、いつか必ずあなたの助けになってくれます。

## 「あなたがいてくれて助かってる」

乙女座は「私、役に立っていない」という感覚になると自信がなくなります。乙女座の人を観察すると、すごく面白いことに「ただ自分のためだけ」に生きている人が稀《まれ》なのです。誰かのフォローをして、それが自分の喜びにもなるような経験をしている人がとても多いです。だから、自信を失ったときには、この言葉をまずは自分にかけてあげてください。「役に立たなくてごめんね」と自ら言ってしまいそうなときは気をつけて。頑張ってきたことが見えなくなっているから。

乙女座のあなたへ

しいたけからのメッセージ

# あなたは「森」のような人

あなたは、ときどき「自分のしたいことがずっとできていない」という危機感を抱きます。そして、「この人に邪魔されている」と思ってしまうことがあるかもしれません。あなたは「森」のような人。人間が持ち込む「毒」に弱いのです。「キャンプをしてくれるのは大歓迎。ただしゴミは絶対に持ち帰ってね」と、他人にルールを求めるのを恐れないでください。そして、他人と喜びを分かち合ってください。そのために「小さなお願い」をしてみてください。

「教えて」「お願い」「ありがとう」「今日も幸せだなぁ」……これらの言葉で、自分のなかの自然を整えて。あなたは美しいものやおいしいもの、楽しいものに出合うために生きています。

# 7章

# 天秤座《てんびんざ》

9/23－10/22

フットワークが鈍くなると停滞し、
悩み出して調子が悪くなる…

衣食住におけるセンスが素晴らしく、
自分なりのスタイルを武器に生きる

Libra

Libra

天秤座は「衣食住のスタイルを自分なりに持つ人」なのです。衣食住に人間関係も加えてもいいと思うのですが、それぞれの分野において「自分なりにいいと思ったもの」を吟味し、検討し、洗練させ、自分の世界に取り入れていく流儀があります。

天秤座を象徴する言葉のひとつは「スタイル」。スタイルは「人まね」で身につくものではありません。他人から評価をされようとされまいと、その人なりに追求してきた「美学」の積み重ねが、その人らしい独自のスタイルを築き上げていくものなのです。

「これはたぶん私に合う」「あ、この街の空気にはずっと触れておきたい」「この人はツボだなあ。身内みたいに仲良くなれそう」……。

あなたは、もともと備わった感覚で「この街やこの人と一緒にいると私のセンスが磨かれる」といったことを見抜く力がずば抜けているのです。そうして発見したものを、自分の生きかたに組み込んでいきます。

逆に、みんなが興味を持って選ぶものに対しては、まったく興味を抱かなかったりするのですが、自分のセンスに引っかかったものはとことん追求する姿勢を見せます。

また、天秤座には「ひとりの時間を持って自分を回復させる儀式のような時間」があります。ずっと他人と一緒にいるのがどちらかというと苦手で、ひとりでスイッチをＯＦＦにして自分を回復させる時間がマストなのです。

たとえばあなたは、10代ぐらいの頃から表で社交的に振る舞わなければいけないときはそういう振る舞いをきちんとするけど、時間が来たら「あ、じゃあ自分の巣に帰るんで」と、自分が一番リラックスできる空間に戻ろうとします。

野生動物が自分の巣を公開するように、本当に信頼する人にだけ「これが私のパジャマだよ」と自分の素を突然説明しだしたりするのが、あなたの魅力なのです。

### 基本性格

- ◆自分のセンスを磨いてくれるものを見抜く趣味の良さ
- ◆周りに流されない個人主義
- ◆ひとりの時間を大切にする

「あなたはこんな人です」の項目でも触れたように、天秤座の人は「センスで生きていける力」がすごく優れています。だからこそあなたは、「なるべく自分の好きなように生きていきたい」という個人主義的な願望があるのです。

あなたの目から見る世界って、「なぜみんなは〝誰がどうしているか〟なんかを気にするのかな。もっと自分の好きにやったらいいのに」と疑問に思ってしまうもの。それぐらいあなたは「自分のスタイル」という武器を自然と身につけている人です。

また、要点をつかむのがうまく、他人からは「全方位的に一生懸命やっている」と見られたりもするのですが、意外と手を抜くこともしています。小学校のクラスにひとりはいた頭のいい子どもみたいに、「この先生の話を最初から最後まで聴くのはかなりエネルギーを使うから、あとで要点だけつかんでおけばいいや」などと自ら物事のポイントを判断して、大事なところだけ抑える癖があります。

「好きなことや自分がやると決めたことはとことんやるけど、どうでもいいことは本当にどうでもいい」。この姿勢を貫くため、「自分のセンスに合うかどうか」と「要点をまとめて理解する力」を磨き続けてきたのです。

毒

天秤座の人が持つ毒は、「共感する・共感されるのが面倒くさい」というところにあります。あなたは「他人は他人。自分は自分」と区切りすぎることがあって、「あの人どう思う?」と聞かれても「なんとも思わない（＝どうでもいい）」という感想しか出てこなかったりするのです。「自分のペースを保つ」のは素晴らしいことですが、たまには「他人のために自分の時間を7割以上差し出す」ことをしてみてください。「人と共感し合う」という感覚が復活していくから。

また、あなたは「起動力」の人です。好調なときは「あー、私いろいろ忙しいけど自由に動けているな」と実感しているとき。「夜何時までにこの仕事を終わらせて、その後は○○さんの誕生日のお祝いに。そのついでに新作のバッグをチェックしてみよう」などと、忙しく颯爽と動けていると調子がいいのです。

反対に活動の歯車がうまく回らなくなって、スムーズに動けない状況が続くと不調になってきます。そうなると根本的なところから悩み出してしまうのが天秤座です。成熟した天秤座は、「ひとりで悩みすぎると身動きがとれなくなる」と知っているから、たまには「他人に自分の時間を差し出す」ことをするのです。

## 全体運

２０１８年の天秤座は、「理想の自分」と「本来の自分」に向き合っていきます。個人主義的なあなたは、自分の生きかたや価値観、日常生活のなかで接する装飾品や人でさえも、誰かにすすめられるのではなく「私」が選びます。自分の意思ではないところで干渉されたり、強制されたりするのが嫌だから「理想」を頼るのです。あなたにとって理想とは、つねにそばにいる「親友」のような存在。でも２０１８年、あなたは理想だけではなく、本来の自分にも向き合います。「理想を目指す」というのは、目標の体重に向かって体を絞るために間食を我慢するように、理性によって欲望をコントロールしていく状態でもあります。あまりに「理想としての自分」に向き合いすぎると、どこかロボット的になっていって、やがてその反動が強く出てきたりするのです。

だからこれからのあなたは、「自分らしくないこと」にもチャレンジしてみてほしいのです。「本当の私とは何か？」を頭で考えるのではなくて、多少向こう見ずでも、計画がちゃんとしていなくてもいいから、何か思いついたことをやってみる。そうすると「あ、私ってこういうことを言う人なんだ」って、古くて新しい「本来の自分」を発見していけますよ。

## 恋愛

天秤座の恋愛観には、「この人はどんな人だろう？」という分析がはじめにきてしまいます。天秤座の人って自分が好きになる人に「自分の流儀」を持っていてほしい。「自分の主張をあまりせず、ただ相手に合わせる人」はあまり高く評価しません。「私は仕事も大切だけど、週末はゴルフをすると決めている」というような話をされると喜びます。「この人は生活のどこに手を抜かない人なのか」とか「どこに喜びを見出しているのか」を審査し、そこに自分が加われるかどうかを考えたいからです。

でも、恋愛は必ずしも分析で発展するものではありません。頭で考えすぎて「私は誰が好きなんだろう」と分からなくなってしまうこともあります。

「感情の力を取り戻す」――それが恋愛におけるあなたのテーマです。恋愛とは、数多くある出会いと人間関係のなかで「あなたが必要だ」と相手に対してワガママを伝える行為でもあります。あなたの周囲を見渡して「自分が知らなかった世界」を教えてくれた人に、改めて「ありがとう」と言ってください。そして「あなたと話している時間が私にとって特別」と、相手をドキリとさせるような言葉を伝えてみてください。

## 仕事

天秤座の仕事は、「将来、自分の裁量で自由が確保できるかどうか」がすごく重要になります。あなたの理想は、自分で計画を練って段取りを組み、周りの人に協力してもらってミッションを完遂させていくこと。仕事においては「仲間」や「仲良し」よりも、プロフェッショナルであることを求めます。

あなたのすごいところは、だからと言って決して「自分だけ」好き勝手やろうとするのではなく、周りの人たちへの協力体制を忘れず、「信頼を得るまで」は目立たないようにやるべきことをやるのです。それで信頼を勝ち取っていった後、徐々に「自分だけのスタイルで」仕事を追求していきます。

逆にネガティブなポイントとしては、一度スランプに陥ると「私は本当にやりたいことがやれているのか」などと、根本的なところに戻って自己分析をしようとしてしまうところです。

そういうときは、目の前の仕事にプレッシャーを感じすぎているのかもしれません。「違う土地の風に当たる」ために、プチ旅行に出るのもおすすめです。

## 悩み

天秤座に多い悩みは、「好きなこと（理想）と現実のどちらを取ればいいか」。

あなたにとって「自分がどうなっていきたいか」は、物心がついたときからすでに追っているものです。

繰り返しになりますが、あなたは「みんながどうやって生きているか」ではなくて「私は何を選んでいくか。どうなりたいか」を追求する人。だからこそ、理想に届かない「現実の自分」がときにすごく情けなく、中途半端に思えてしまうことがあるのだと思います。

「このままではダメなんじゃないか」と結論を急いだり、無理に「何がなんでもこんな自分を変えなきゃ！」と追い込んだりするよりも、いままで不器用ながらもいろいろなことを頑張ってきた自分をちゃんと褒めてあげてください。

そして「大好きだよ」と自分に言ってあげてください。あなたは理性で言葉を発するタイプだからこそ、「好き」「おいしい」「嬉しい」など、感情から出る言葉を普段から意識して使うとすごくいいです。

## SNS

天秤座のＳＮＳへの姿勢は、「ビジネスライクにやる」。現代はもはやＳＮＳが名刺や自己紹介代わりになります。

天秤座の人は、見る人が不快にならないように、でもたまにみんなが「カッコイイ」と憧れるような投稿をします。

ネットの世界でもあなたは「誰かに絡まれる、干渉される」のがあまり好きではありません。だから詮索されないように注意もします。

一方、実生活で自分の本音を言わないタイプの天秤座の人は、ＳＮＳを唯一自由に本音を言う場所にしていることもあります。本音と言っても誰かを攻撃したり批判したりするものではなくて「完全なひとり言」であることが多く、実害はあんまりないです。

あなたはたまにみんなを驚かせる投稿もするけど、総じてクリーンでバランスがとれた投稿が多い。けれどときには大きくバランスを壊して、「これをどうしても伝えたい！」と叫びのような自分も持ち続けてください。そっちのあなたのほうがすごく面白いから。

しいたけのつぶやき

## 面接官の天秤座

天秤座は買い物という行為ひとつとっても
「無造作に目についたものを買う」
ことはしません。自分なりの
“採用面接”をしている感じなのです。
「この洗剤は果たしてわが家で
やっていけるか? 家の空気とマッチするか」
などと本気で考えます。
人でもモノでも、その試験を通ったら
「ずっと大切にします契約」を
毎年更新していきます。
天秤座のテリトリーに入るには、
ときに海外の空港の入国審査みたいな
厳しいチェックがあります。

開運ワード

## 「私は〇〇を誇りに思っている」

天秤座って、いわゆる「比較」の星座です。自分の市場価値をいつも厳しく見つめている別の自分がいます。だから努力をして成長していけるのですが、「自分の価値をもっと高めなければダメ」とこだわりすぎると、劣等感が強くなっていきます。だから深呼吸をしながら、できれば胸に手を当て「私は〇〇（自分自身やここまで頑張ってきたこと）を誇りに思う」と心で唱える儀式をやってほしいのです。

## 「風のように切り抜ける」

この言葉は、あなたが「調子がいいときの体感」を取り戻すためのものです。「颯爽と動けている」「次から次へと的確に用事をこなし、次に向かっていく感覚」が大好きなのです。その反対の感覚が「停滞」と「変化のなさ」。または「長期戦」です。そのような状況になったときは「速さ」と「動き」をひとつずつ回復していってほしいのです。歯医者さんに行くついでに、新作の洋服を5分だけチェックするとか、サッと動いてサッと次に行く「風のような感覚」はあなたの調子を上げていってくれます。

## 「ほにゃー」「ふえー」「ほへー」

大真面目なアドバイスなのですが、あなたはときどきこういう「全身の力を抜く」声を出していったほうがいいのです。天秤座って、「自分はこういう経歴を持っていて、このくらいのパフォーマンスを発揮するから必要とされるのだ」とか、周囲の競争社会のなかに自分を位置づけようとする感覚が強くあります。だからたまには「力や活躍、立場こそがすべて」の世界から離れて、自分本来の魅力に帰って間抜けになってみてください。

天秤座のあなたへ
しいたけからのメッセージ

# ビジネスライクから「もうちょっと話したいな」へ

あなたは「クールでスマートな人」と見られやすいです。でも、本来のあなたが持つ性質って、きちんと弱いところがあるし、きちんとだらしないところがあるはずです。「なんでもできる自分」なんて完璧には目指さないでください。あなたはもっと弱点を見せていい人だし、「あー、全然できていない」と凹んでもいいです。自分に対して反省できる人って「もっと良くなっていこう」と真剣に向き合っている証拠だから。

「完璧」を目指して心を閉ざすのではなくて、「あなたのことをもっと知りたい」と勇気を出して人を信頼してみること。ビジネスライクから「もうちょっと話したいな」へ。肩に力を入れずに少しずつやってみてください。

# 8章

# 蠍《さそり》座《ざ》

10/23 – 11/21

自分の美学にこだわる負けず嫌い。
他人に弱いところを
見せるのが苦手…

人間としてどうあるべきかを忘れない。
みんなに深く感謝し、よく尽くす

Scorpio

蠍座って、いわゆる「裏」が好きな人なのです。

誰かを好きになるときも、その人が自信満々で振る舞っている表面ではなくて、ときおり見せる裏面、たとえば「重大なプレゼン前の自信のない表情」に強く色気を感じたりするのです。

あなたは人間なりモノなりが、「ここを見て！」と主張している直球の部分をあまり見ません。信念を持って自分なりに「この人のここがカッコイイ」と思える部分を見つけます。

どこかで働くにしろ、「あのベンチャー企業は保証がないからやめたほうがいい」などと他人が噂レベルで言う表面的な情報を鵜呑みにするのではなく、その会社で働く人に会って話を聞いてみてから「この人はここまで細かいことに配慮して未来を見ているんだ。よし、この仕事に命を預けよう」と自分の目でしっかりと確かめて、関わるものを決めていきます。

その一方、いろいろな情報を見すぎてしまうことによって、迷って決められなくなるという弱点もあります。そういうときのあなたは、「誰かの役に立たない自分は無価値だ」と焦ってしまっていることがあるので、そこだけは注意してあげてください。

蠍座の強さは「美意識」によって支えられています。「いまここで弱音を吐くなんて私らしくない」とか。美意識を持ち続けることによって自分を支えようとするのです。

だからこそ、ときどき「素直チャレンジ」をしてほしいのです。美意識に支えられたあなたは「理想の私ならなんて言うか」をずっと自分に課してしまいます。「それはいいね！」とか「それは嫌！」とか、そういう素直な反応を出す機会をときどきは持ってほしいのです。

「頑張ったらできなくもないんだけど、面倒くさいからやだ（ニコッ）」とか、笑顔で屈託のない正直さを出すあなたは、すごく魅力的な存在になっていきます。

基本性格

## ◆物事の表面だけを見て鵜呑みにせず、自分の基準でジャッジする
## ◆ストイックな美意識に基づいた向上心

# 蜜

Scorpio

蠍座は「究極に気が利く裏方の人」です。
すごく人に配慮するし、自分をわきまえて遠慮することも知っています。そして困っている人がいたら手助けをして、「なんでそこまでやってくれるの？」と思われるぐらいに人が喜ぶことに奉仕します。あなたが持っている「やさしさ」って、世間一般で言われる「やさしい」とちょっと意味が違うところもあるのです。

少し話が大げさに感じられるかもしれませんが、あなたは人間としての理想を追い、自分の限界を超えていきたい人なのです。「人としてどうあるべきか」を、いつも自分自身に問いかけているからこそ、「やさしくするのは人としての義務」とも考えているのです。

また、あなたは本能的に「今日ある世界が永遠に続くわけがない」という悟りのような感覚を持っています。だからこそ、いまあるものに誰よりも深く感謝できるし、誰よりも強く「いま向き合っているもの」に尽くせるのです。

「今日を生きる覚悟」――あなたはどこか戦国武将みたいな感覚を、自分の生きかたに課しているところがあります。その姿は美しいです。でも「ずる賢さのない潔さ、自分ですべてを引き受ける姿」は、ときに脆《もろ》くもあるのです。

## 毒

蠍座の「毒」は、「自分の美学を絶対に崩さない」ところです。あなたは誰かに「最近困ったことある？」と尋ねられたとしても、「困ってないよ？」と答えたりして、自分が抱えていることをペラペラ喋るのは苦手です。「弱いところなんて、積極的に他人の前にさらすものではない」と思っていて、それよりも「他人を助ける側・援助する側」に回ろうとしてしまいます。でも、その行動の裏側には「たぶん私や私の苦しさって誰にも察してもらえない。もう人に期待するのはやめよう」という諦めがあるのです。苦しいときにも、それを周りに伝えるのを諦めてしまうから、結局イライラし続けるか、とても悲しい気持ちを引きずることがあります。「ちょっと助けてもらっていい？」のひと言が言えたらいいのですが……。

あなたは強く、何があってもカッコイイ、負けない自分であろうとしすぎるところがあります。どこかで誰かに頼りたくても、「これは私の問題なので。私が乗り越えなければいけないものなので」と境界線を引いてしまう。

だから、こう考えてみてください。「問題は解決しなくていい。ただ私はそこに直面しているだけだ」って。そう思うと自分が抱えている問題って、わりと他人とシェアできるようになっていきますよ。

# 全体運

2018年の蠍座は「暴れたくなっている気分」なのです。蠍座っていつもならどこか「裏方」性がやっぱり強いのです。たとえばあなたの周りに「太陽」のように目立つ人がいたら、あなたは「月」の立場になって周りにいる人が目的や利益を達成していくために、サブ的役割に徹して仕事を遂行します。あなたは自分から「こういうことをしたい」と言うタイプではなくて、「あなたがそうしたいなら、私がその計画をもっといいものにしていくよ」と、命じられたことやサポートすることを完璧にやり抜きます。

でも、じつはあなたは太陽の人でもあるのです。その太陽の部分がいまのあなたには強く出ています。「もっと暴れてみたい」とか「できるかどうか分からないけど、楽しみたい」という気持ち――失敗したとしても「自分がやりたかったこと、言いたかったこと」のほうを重視してみてください。誰かの陰に隠れている必要はありません。急に毒舌になるとか極端にならなくていいですが、「私がそうしたかったから」という気持ちと、それをやったときに輝く「カッコイイと思える自分」をイメージして。その積み重ねがあなたの歴史を必ず作っていくから。

## 恋愛

蠍座の愛って深いです。本当に愛した人のためなら「一緒に地獄すら見てもかまわない」というほどの強さがあります。「私のことはいいから、あなたのすべてを見せてほしい。それによって嫌いになることはないから」と思っています。ただ、「誰かを好きになったらもうブレーキがきかない」くらいにエネルギーが強く出すぎるので、次のふたつのことに注意したほうがいいかもしれないです。

ひとつは、恋愛をすると決めたら「責任を持とうとしなくていい」ということ。あなたは「この人の役に立てるだろうか」とか「この人を支えきれるかどうか」という不安をどこかで持っています。でも、恋愛ってふたりの問題です。だから、ひとりで解決しようとするのではなくて、相手に言ってみましょう。悩みや問題はもちろん、「あなたのこういうところにいつも助けられている。好き」って。

ふたつめは、恋愛では「すべての主導権を握ろう」としないことです。相手を「支えなきゃ。全部分かってあげなきゃ」と思いすぎるところがあるから。「思ったことをシンプルに伝える」――それで相手が喜ぶこともあるし、不快に思うこともある。でもそれが人と人との関係。コントロールできなくても大丈夫ですよ。

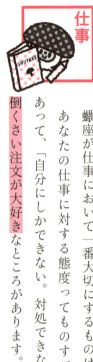

## 仕事

蠍座が仕事において一番大切にするものは「信用」です。

あなたの仕事に対する態度ってものすごくマニアックなところがあって、「自分にしかできない。対処できない」と感じられるような**面倒くさい注文が大好き**なところがあります。

あなたが言われるととても嬉しいセリフって、「難しいかもしれないけど、たぶんこれはあなたにしかできない」――こう言って特別に厄介なことを頼まれて、でもそこにあなたに対する絶対的な信用がある、という状況であれば何がなんでもやり抜きます。相手が期待する以上のものを手がけて、お返ししようとします。

仕事に関しては、その手を緩めないでください。プロフェッショナルであるべきです。「他の人と同じことをするため」に、あなたは存在するわけではないのだから。でも**プロフェッショナルはときに孤独を背負います。**誰にも正解を示されないなかで自分を信じなければいけないときもあります。きっとあなたはそこに向き合える人。だから、あなたの全力を続けて。でも余裕がなくなったら自分自身に「いざとなったら一緒にごめんなさいしよう」と言ってみてください。「謝っちゃえばいいから」とか。そうすると本来持っている柔軟さが取り戻せますよ。

## 悩み

蠍座は「復縁」絡みの悩みが多い印象です。

蠍座の人って、人間関係も恋愛も仕事も、生きていく究極のテーマも、「全力で報いること」なのです。

だから、あなたの心のなかにはいつも「あのときこうしてあげれば良かった」とか「本当にこれで良かったのかな。私は自分勝手なのかな」というふうに〝他人から見たときの私〟を見すぎてしまうところがあるのです。あなたはいついかなる場面においても「100パーセント」を目指します。「100パーセントを成し遂げた私」とか「100パーセントこの人と分かり合った瞬間」……。それはもちろん目指し続けてもいいのです。

でも、80パーセントの自分で、20パーセント絶望する瞬間があって、どうしようもないと思えてしまう過去があったとしても、どうか、どうかあなたを大切にしてあげてほしいのです。だって、「最高」を出す人の原点や過程ってどうしても「最低」があったはずなのです。「最低」な瞬間も「自分の一部」として大切にしてきた人に、「最高」って見えてくるものだから。

## SNS

SNSって、どうしても伝えられる中身としては、表面的なところに限られてしまいがちです。

「今日○○に行ったよ」「これを食べたよ」とか。

そこにおいて蠍座のSNSは、とても「アルバム的」なのです。「この日にあった運動会」とか「○○さんの結婚式」とか、そういう自分や周りの人生において重要なイベントを大切に記述したり、写真に残したりします。

あなたはその「アルバム」に載せるひとコマを、もっと身近な日常生活の出来事から切り取ってみてもいいと思います。だってあなたは「今日という日は二度とないからこそ、ちゃんと大切に、丁寧に感じたい」と思える人だから。ぜひその記録を残していってください。

あなたが残す記録ってちょっと寂しいのです。切なさがあるのです。それは本当にあなたが大切にした瞬間を伝えているから。だから、「こういうことを載せたら重いかな」とか変な配慮はせず、恥ずかしがらずにそのときそのときに感じたことを、SNSに載せていってください。あなただけの日常のアルバムを。

しいたけのつぶやき

## 決断したらやり切る蠍座

蠍座は人生のいろいろなタイミングで、
「あ、命懸けなきゃ」と
"命懸けモード"になることがあります。
しかもそれが急なのです。
昨日までおとなしかった人が今日になって
「お母さん、私アメリカに行くことにしたから」
「彼を心から愛することに決めたから」とか、
「やり切る前提での決意」を
周囲に伝えて度肝を抜きます。
突然「やり切るか、倒れるか」の
二択しかないモードに突入する。
だから蠍座は「普通に頑張れば大丈夫」の
「普通」という感覚が
よく分からなかったりします。

開運ワード

## 「何があっても私はあなたの味方」

あなたはどうしても「自分はみんなの役に立っているか」とか「この会社に必要とされるような人材なのか」などと〝他人から見た私〟を気にしてしまいます。蠍座ってすごくセンシティブな感覚を持っているのです。だから、感じすぎて傷つきやすい私を変えていくために「何があってもへこたれない強い自分」を特訓して作ろうとします。でも、うまくいってようが、いってなかろうが、あなたはあなた自身の味方。その立場をちゃんと守れていると、自分が接する大切な他人に対しても「何があっても私はあなたの味方だから」と伝えることができます。

## 「この人の幸せのために！」

蠍座の人は自分自身のために自分の力を使うこともできますが、どちらかと言うと「この人に全力で報いたい。この人を守りたい」と強く心が揺さぶられたときに信じられないぐらいの力を発揮します。自分を奮い立たせたいときには「誰を幸せにするために、いま生きているか」を確認してみてください。それは他人ではなくて「自分」でもいいのです。「私は自分を幸せにするために生きている。」ここでへこたれるのもしょうがないけど、私はこの人生でもっと素敵な景色を自分に見せてあげたい」って。

## 「愛してる」

いきなり話がぶっ飛ぶのですが、あなたは自分が出会う大切な人や大切な思い出に、「愛してる」と伝えるために生きています。あなたはどんなときでも誰かを好きになったら「初恋」のような気持ちを忘れません。あなたは「この瞬間に自分のすべてを込めたい」というぐらいに出会った奇跡に報いようとします。そんなあなたは「テキトーにやって、器用な人が得をする」大人の世界に失望することがあります。失望があなたをちょっとしたダークサイドに連れていくことも……。そういうときこそ「愛」を取り戻してください。「愛してる」と明言していきましょう。

さそりざ

蠍座のあなたへ

しいたけからのメッセージ

# 何もすることがない あなたもチャーミング

「自分のすべてをかけて報いる」。あなたは、戦国武将のようなところがあって、いわゆる「平均的な日常」ではどうしても力を持て余してしまうことがあります。みんなとお喋りをしていても「こんな時間を過ごしていていいのだろうか。私には何か特別にやらなければいけないことがあるんじゃないか」って、「使命」とか「特殊な役割」に目を向けやすいのです。

あなたは「特殊な状況」にとても強い人です。そこでアドレナリンを人一倍出して、多少強引でも駆け抜けることができます。だからこそ、〝それ以外の思い出〟も大切にしてあげてください。何もすることがないあなたも、すごくチャーミングなのだから。

9章

# 射《い》手《て》座《ざ》

11/22－12/21

新しい世界は自分が切り拓く！
というチャレンジ精神の強さ

短気で白黒はっきりつけたがる。
つねに「自分が主役」と
勘違いしている面も…

Sagittarius

## あなたはこんな人です

射手座をよく言い表すセリフに、「まだまだ足りないよ」とか「勝負はここからだよ」というものがあります。

射手座の人には、本質的に持っている「激しさ」や「過剰さ」があって、たとえば他の人なら「ここまでくれば十分」だと思う物事について１００パーセントに達したあとにもさらに勝負をかけます。「この勢いに乗ってやり尽くしたい」と願うことが多いのです。

飲み会で「楽しい！」となったら、みんなが疲れていようが明日の予定があろうが関係ない。「今日を燃え尽きようぜ！」とエンジンがかかって、テンションがＭＡＸに近づいてきたら家になんて帰らないで最後まで走り切る（笑）。

あなたの願いは「いまを超えたい」とか「私が知っている景色を超えたい」なのです。

だから「できそう」なことよりも「難しい」と思えるものにチャレンジするほうを選びます。「新しく体験する面白さのためなら、自分がいままで積み上げてきたすべてのものなんてゼロになってもかまわない」——そんな開拓者のような精神が流れているのです。

射手座のDNAに流れている感覚は、「無茶は承知。むしろ歓迎」です。限界は超えるためにあるから、そんなものは怖くないし、好きになったものにはとことんのめり込む。いろいろな可能性はやって試してみなければ分からない。そういうあなたの行動力は他の星座の追随を許しません。

でも、どうしても気をつけなければならないのは、「自分の思い通りにならないと、とにかく機嫌が悪くなる」ところがあるのです。

付き合っていく他人に対して「あ、この人ちょっと弱ってる。この人にとっては限界だろうな。手を緩めなきゃ」という思いやりを持ってあげると、あなたはもっと輝けます。

基本性格

## ◆できそうなことや積み上げてきたことより、新しいことへの挑戦に価値をおく

## ◆面白いことのためなら、燃え尽きるまで走り続ける熱さ

蜜

Sagittarius

射手座は世界を創っていく人です。

大げさに聞こえるかもしれませんが、そういう人なのです。

あなたは自分が描いた夢や理想を「どう実現していくか」に対して、つねに現実的なのです。たとえば「将来自分のお店を持つ」とか「自然が豊かな郊外に住んで、30歳以降は自宅で仕事をしたい」といった望みを叶えるための手を緩めません。他の人にとっての夢って「そうなったらいいなあ」くらいの空想で終わってしまう場合も多いのですが、あなたは「じゃあそれを実現するには今日何をするか？」を具体的に積み上げていくことができます。

あなたは「誰かが創った世界」や「いままでの自分が知っているもの」に対してそれほど興味が湧きません。「ワクワクしながら次の世界を見ていきたい」――その衝動があなたを動かすのです。もちろん「自分の世界を持つ者」としての気難しさや面倒くささも持っています。でも、あなたはとても無邪気です。「だって私が幸せになったらみんなも幸せになれるんだよ？　だから協力してよ。私も精一杯頑張るからさ」といつのまにかみんなをあなたの魅力に引き込んでしまうのです。

# 毒

射手座の毒は「主役は私」病があるところです。

自分でも気づかないうちに「え、私が主役ですけど何か？　みんな私に合わせてほしい」と周囲に求めてしまいます。みんながそろそろ次の話題に移りたいと思っていたとしても、「昨日私さ、」と話したいことを勝手に続けてしまったりします。

また、とにかく待てない人です。「興味があるもの」や「好きなもの」を見つけたときの行動力や爆発力は周囲を驚かせ、「え？　その話聞いてないよ」とコンセンサスの面から困られることもあります。実はあなたは「戦略的暴走家」で、長い目で見るとあなたがやることは暴走ではなく、ちゃんと筋道が通っているのですが、短期的には「自分勝手だ」と誤解されがち。対策としては「ちゃんと相手に意見を求めて、想定したものと違ってもイライラしない」訓練をすること。

あなたは人でも作品でも「個性」や「オリジナリティ」が乏しいものを許せない傾向があります。常識論には「自分の頭で考えて喋れないの？」と本気で突っかかりたくなったりします。個性を封印している人の個性を引き出すのは、成熟した射手座の役割。プレッシャーをかけずに見守っていきましょう。

## 全体運

２０１８年の射手座は、「自立と再会」の時期を過ごします。自分および親密な他人の「自立」に関わっていくのです。たとえば、古い付き合いの親友って、はじめは毎日連絡して何時間も会話をしても飽きないけど、やがて「たまに会うのでも大丈夫」な関係にシフトしていきますよね。お互いべったり一緒にいるよりも、普段はそれぞれのフィールドにいて、ときどき近況を報告し合う。それで再会するときには、いつでも「あの頃」と同じ空気感で話せる。いまのあなたはそういう「自立と再会」の周期を迎えています。だから、誰かと「ずっと一緒にいる」ことにこだわらないでほしいのです。むしろ会う時間が減ったからこそ、自分自身が夢に向かっていく準備ができる。「これは私にしかできない」という役割や時間を改めて大切にする時期なのです。

あなたには寂しがり屋の面もあります。でも、あなたとあなたの親密な人がお互いにもっと魅力的になり、「一生の戦友」になっていくには、多少の寂しさを乗り越えて、いま改めて自分のフィールドで勝負する必要があります。場合によっては、そこで新しいパートナー的な人と出会う人もいます。頑張って！

あなたは「すごく直感的に生きているようで、ものすごく合理的」な面もある人。恋愛でも「この人と一緒になったらこんなことができるかもしれない」と、相手のなかに自分にない才能を発見し、そこに惹かれます。

## 恋愛

射手座が他の星座と一線を画すのは、とても強い「自分」を持っているところです。自分が好きなものと苦手なものをよく知っています。そして合わないものとは無理に合わせようとしません。そんなあなたが恋愛で相手に求めるものは「夢を見られるかどうか」なのです。

だから、変な人につかまることもあります。相手がロマンチストで、一部分でも美しいところを持っていたりしたら、他の全部を許してしまうところがある。「この人の欠けているところは私が補いたい」と全面的にサポートしてしまうこともあります。

あなたは夢を持っている人を大切にしてあげるだけでなく、自分の夢も大切にしてもらってください。恋愛には、どちらが上の立場でどちらが従うべきかという権力闘争を持ち込まないほうがいいですよ。適度な距離とお互いへのリスペクトを。

## 仕事

射手座は仕事においても、「直感的な力と合理的な判断」の両方が入り混じります。「新しい世界を創っていく」とか「自分だけの夢や世界を創っていく」ために生きていて、その目的のためには「使えるものは使う」という少々荒っぽいところがあります。だから仕事でも「この世界なら私の才能が活かせて、私だけのオリジナリティを作っていくことができるかもしれない」というふうに、何かを選ぶ前にきちんと「自分なりの勝算」を感知しようとするのです。

そして、いざその仕事をはじめたときには、「不可能」と言われることに次から次へとチャレンジしていきたい気持ちが強くなります。あなたと仕事をする人って、かなりパワフルでエネルギッシュでないとついていけないかもしれないので、フォローを忘れないであげてください。「あなたはこういうところが得意分野なんだから、すごく頼りにしている」とか。

また、もうちょっと穏健な射手座の人は、「自分の理想の住まいや生活を実現させていくために、これぐらいの条件の仕事がちょうど良い」といった理由で仕事を選び、プライベートの趣味活動を充実させる傾向も見られます。

射手座は、「やりたいと思ったことをすぐにやるべきか？」という悩みが目立ちます。ここにも射手座の「待つのが苦手」で「白黒をとにかくハッキリつけたい」という性質が表れています。

あなたは「期待できるのか期待できないのか、分からない状態で待たされること」に対してすごくストレスを感じるのです。

「全体運」の項目でも触れたように、いまのあなたは「自立と再会」の時期を過ごしています。だからひとりの活動も増えていくと思われます。

「誰かと一緒じゃなければできない」という環境から抜け出して、自分ひとりで夢を追う時間を持ってみてください。夢ややりたいことを追うのに何も遠慮は要りません。

そして、夢は必ずしも大げさなものでなくても良くて、まずは「私ひとりの幸せの時間」を満喫できる場所と空間と時間を持つイメージをしてみてください。いつはじめてもいいですよ。

「意外と」と言ってしまうとすごく失礼なのですが、射手座の人はＳＮＳ上では見る人に対してすごく気を遣った投稿をします。

「意外」というのはどういうことかというと、あなたはたとえば目の前に誰かがいるとか、みんなに囲まれた状況だと「よーし、私何かやらなきゃ」と持ち前のサービス精神に火がつくのです。だからすごく高速で喋ったり、みんなが驚くようなことを積極的にやったりします。

逆に、あなたは親しい人と旅行に行くと驚くほど静かにしています。リラックスして本来の自分に戻れているからです。

そういう意味でＳＮＳをやっているときのあなたは、本来の静けさや落ち着きの時間に帰って、ニコニコとみんなが喜ぶような投稿をしたり、他人のことを気遣ったり、どちらかというと静かな投稿を楽しむ傾向があります。

ＳＮＳに関しては、あまりテンションを上げすぎずに、このままマイペースで楽しんでいって大丈夫ですよ。

しいたけのつぶやき

## 「大きな座敷童」の射手座

僕は射手座の人とは
「大きな座敷童《ざしきわらし》」だと思って
付き合ってます(笑)。
座敷童って子どもの姿をした神様で、
ときどきひどい無茶ぶりをしてきて
ケタケタ笑ってるんだけど、
その子どもに好かれると福が舞い込む。
ときどき強引だけど邪心がないのが
座敷童＝射手座。

開運ワード

## 「あなたのことがもっと知りたい」

好意を寄せる人に対して積極的に使ってみてほしい言葉です。あなたは好きになった相手を分析して、「あなたこういう人なんだから、こうするといいよ」とお節介をしてしまうことがあります。それは愛情表現の一種なのですが、やられた相手は最初は嬉しくても、だんだん「決めつけられている気分」になってしまう。だから親密になりたい人ほど「あなたのことを聞かせて」とか「もっと知りたいな」と先入観をゼロにして相手のほうに質問してあげてください。

## 「ほえー」

射手座の面白いところって、〝電池切れ〟のときがあるのです。普段は「勝手に動いていける」行動派のあなたも、一定のパフォーマンスを発揮した後にボーッとする期間があります。魂が抜けた状態になるのです。そうなったときは赤ちゃん返りみたいに、「ほえー」と気の抜けた受け答えをしてみてほしいのです。あなたは他の人よりも鋭くて強い個性の持ち主。自分が実現したいことは何がなんでも通します。それでも周囲に疎《うと》まれないのは、「この人、無邪気な赤ちゃんみたい」と思われているからです。赤ちゃん活動はこれからもどうぞ続けてください。

## 「好きだからやってる」

あなたには「不可能」ってないのです。もちろん、不可能な事態はあります。でも、そこはちゃんと「自分でやってみなければ分からないでしょ?」があります。そんなあなたが「私のやりかたって正しいのかな?」と不安になったとき、自分を鼓舞するために使ってほしい言葉です。あなたの行動の原点は「次の景色を見てみたい」。それは理屈ではなく衝動です。好きなものに対するしつこさは、あなたにしかない個性。だから「好き」を信じること。そしてやり抜くこと。途中で止まって休んでもいいから、登りきって頂上の景色をきちんと見る義務があなたにはあります。

射手座のあなたへ
しいたけからのメッセージ

# その先に必ず奇跡が待ってる

あなたはここ最近、「ひとりでチャレンジ」の時間が増えているはずです。これはぜひあなたに伝えたいメッセージなのですが、「誰に相談しても正解がないこと」にチャレンジしている道のりって、その先に必ず奇跡が待っています。

奇跡に向かっていく条件って、たぶん「自分で全部請け負う。向き合っていく」という、タフで孤独な時間も必要なのです。「もうちょっと休みたいな」とか「もうちょっと誰かがなんとかしてくれないかな」と思ってしまうこともあるかもしれないのですが、ひとりでチャレンジをしているあなたは美しいです。

たまには自分だけの秘密の幸せの時間も確保しつつ、奇跡に向かっていってください。応援しています。

10章

# 山《や》羊《ぎ》座《ざ》

12/22－1/19

放っておくと自分の内面に籠もりがち。
ひとりで思い詰めてしまうことも…

物事をこつこつやり続ける
集中力がすごい。
他人の弱さや失敗にやさしい

Capricorn

## あなたはこんな人です

山羊座は、男性でも女性でもいわゆる「メイクの人」です。たとえば女性はある程度の年齢に達すると、メイクをして外に出かけます。その理由の多くは「さすがにすっぴんでは外には出られない」であるにせよ、メイクって「外の世界に出て戦うにあたって、自分を戦闘モードに仕上げていく」ためにやるものでもあります。男性の場合、一般にそれがジャケットやネクタイですね。

山羊座って、「すっぴん」とか「家にいる自分」のときには、本当になんの戦闘力も持ちません。とにかく気を抜いています。でも、いざ自分を戦闘モードに仕上げたら、誰にも想像できないほどの力を発揮します。12星座中で最も「ＯＮ」と「ＯＦＦ」の差が激しい人です。仕事や自分が決めたミッション、理想……そういったＯＮにかける気持ちがすごくて、倒れるまでやろうとします。

だけど、ＯＦＦの時間は「ずっとボーッとしていたい」。ほとんど機能しないのです。ＯＮのモードのときに頑張りすぎている山羊座ほど、「ＯＦＦを見せたら、いろんな人にガッカリされるだろうな」と思って自分のプライベートを明かしたがらないのです。だから、どこかミステリアスな雰囲気が出てきます。山羊座は「プライベートで何をしているのかが分からない人」なのです。

他の星座にはない山羊座の特徴は、あなたは「特化して鍛えてきたなんらかのスキル」を持っています。そのスキルをだいたい10代ぐらいのときに「私は平均的に優れた人間じゃなくて、生きていくために自分にしかない武器を持たなきゃ」と本能的に感じ取り、鍛えていくのです。だからあなたは、得意なことと不得意なことがかなりハッキリした大人になっていきます。

でも、あなたが成熟する道の途中には必ず「放置してきた不得意な面」と向き合う試練が出てきます。どうかそれは怖がらないでください。苦手なことを「できない」と決めつけすぎるのではなくて「チャレンジする時が来たか」と歓迎してあげること。


（基本性格）

◆**得意と不得意、ONとOFFの差が激しい**
◆**プライベートで何をしているのかが最も謎の人**
◆**自分のやりかたを大切にし、大器晩成**

山羊座は、「一点集中の能力」に関して他の追随を許しません。

年齢で言えばだいたい10代ぐらいのときに、自分が「徹底的に集中できること」や「やってみたいと思えること」と、「みんなが普通にできること（たとえば周りの人と何気なく会話ができるとか）」との間にギャップを感じ、苦手意識を抱えたりします。「なんで私ってこんなにバランスが悪いんだろう」と。極端にハマれることと、極端に苦手なことがあるのが山羊座の人の特徴です。

だからこそあなたは「得意なことで世界を目指す」ぐらいの気持ちで、好きになって夢を見られる世界を徹底的に磨き込みます。若い頃から「プロフェッショナル」の意識を持ち、自分が受け持つ得意分野についてはどんなに苦行であったとしても爽やかにやりこなします。得意と不得意がハッキリしているために、これまで「なんでこんなことができないんだろう」と落胆することも多かったはずです。そうやって傷を負ってきたから、能力だけではなく「人柄の良さ」や他人に対する絶対的なやさしさも持ち合わせています。

じつはそんなあなたの、「そういうの分かるよ。できないこともあるよね」と寄り添ってあげられるやさしさこそ本当の宝物なのです。

毒

山羊座の毒は、「とにかく籠もる」。生きる上でそういう時間を必要としているからです。あなたはスイッチがONになって戦闘モードになると、限界を超えたパフォーマンスを発揮し続けます。リーダーになる人も多く、「なんでもやってみせる。かかってこい」となったときの処理能力と創造力はすさまじいです。そんな超人的パフォーマンスは、「早く家に帰って寝たい」という動機によって支えられています。「発揮する集中力はすごいが、時間は限定される」というのがあなたの能力の特徴で、「超人タイム」以外は、すべてのスイッチをOFFにしています。

加えて、山羊座は繊細です。「いまの私は最高。このままどんどん行こう！」と思っていても、その翌日に「私はこのまま存在していていいのだろうか……」と激しく落ち込んだりします。ネガティブモードになった山羊座は、ひとりで思い詰めて周りの人の声が届かなくなることもあります。そうならないためには、普段から「自分」を確かめておく必要があります。何が得意で、何が苦手なのか。苦手な分野があることを恥じず、ひとりで背負って克服しようとするのでもなく、ただ「これ苦手なんですよね。ごめんなさい。これなら得意です」と他人を信頼して伝えてみてください。それができるようになるとすごく楽になれますよ。

## 全体運

2018年の山羊座は、運勢的に「ひとりの空間に帰らない」ということをおこなっていきます。これまでのように「ちょっと疲れた。全部をシャットアウトしてひとりになりたい」と願っても、そうはさせてもらえない。むしろみんなの前に出されるぐらいに強烈な経験をしている人が多いと思うのです。「自分だけが自分を分かっていればいい」わけではなくて、「私はこういう人間だ」と周囲に分かってもらうチャンスが与えられます。

だから恥ずかしいです。ときに等身大の、他人には見せたくない自分がさらされて、どうしたらいいのか分からなくなることもあります。「理想的な自分を見せたい」とか「自信のある自分になってから他人に会いたい」なんて準備に時間を割かなくても大丈夫です。たとえば、あなたが人と話すのが苦手だったら、プライベートで誰かが企画した飲み会やお茶会に参加してみてください。そして「うまく喋れなかったな。でもあの人のことをもっと好きになってみたいな」と思えばいいのです。「接する人をもっと好きになる。愛していく」――それがいまの山羊座におけるもうひとつのテーマです。恐れずに。会わなきゃ他人は愛せません。話さなければ何もはじまりません。あなたは人を愛せる人です。

## 恋愛

山羊座は「一瞬で好きになって、一直線に突っ走ろうとする」ことが、人生のなかで何度かあります。あなたの恋愛は「何もかも捧げてもいいぐらいに好き」と「普通の好き」、そして「無関心。興味がない」の3段階に分かれます。最上級に「好き」な人に出会ったときは、どういう手段を使ってでも「その人の関心や愛」を手に入れようと奮闘します。山羊座は恋愛だけではなく、「好きになったもののために自分を形状変化させられる」人です。相手が文学好きなら、興味がなくても文学を自分のなかに取り込める。だからあなたは積極的に人を好きになったほうが、自分の幅が広がっていいのです。

一方、あなたの恋愛を邪魔するのは、「どうしてもひとりになりたい時間」があること。それは相手に伝えていけばいいと思います。ひとりの時間が必要なんだ、と。あなたの恋愛では、「察してくれたら嬉しい」に頼らずに、自分の好き・嫌い、できること・できないことを、カッコつけずに伝えていくことが大切になります。

恋愛って甘さを感じ合う側面もありますが、残りの半分は「現実的に伝え合う」という関係の継続なのです。

## 仕事

さまざまな星座占いの本にも書かれているように、山羊座は「ワーカホリック」とされやすいです。「仕事＝自分」になるまで、全存在をかけて職業に臨む人が多いです。

幼い頃から、「将来こういう暮らしをして幸せになりたい」とか「こういうことをしてリッチになりたい」とか、そういう個人的な幸せを求めずに「私は社会のなかでどう他人の役に立てるか」という視点で自分の人生を考えていく人たちなのです。

あなたにとって仕事は、「社会のなかで自分が何をしているか」。それは、自分の存在証明なのです。仕事以外のプライベートな時間も、「自分が社会のなかでお役に立つための休息」というくらい極端な認識を持っています。

だからこそ、あなたは「仕事をする」にしても「ひとりよがり」になりすぎないように注意してみてください。

自分の得意なことと苦手なことをちゃんと理解し、苦手なことは他人に苦手だと伝えてみたり、代わりを頼んでみたりすること。誰でも得手不得手はあるのだから。

山羊座に多い悩みは、「自己評価が低い。どうしたらいいのだろうか」というものと、「責任を背負いすぎてしまう」などです。たとえば、山羊座はよほどの経歴を持っているとか、得意としている専門分野でもない限り、「面接」が苦手。面接って「必要とされる・されない」がジャッジされる場所。そういう「他人からの評価」に山羊座はビクビクします。

面接でダメージを負わない人って、「あ、合わなかったんだな」で終わりにするのだそうです。合う・合わないの問題はしょうがないから、無理に克服しない。

山羊座の「自己評価の低さ」の原因は、他人からの指摘や印象、そして評価を「合う・合わない」で片付けずに、自分の全人格をかけて受け止めすぎてしまうところにあると思うのです。

だから「あー、うまくいかなかったんだ。改めよう」と、なるべくライトに考えていってください。あなたの人生のなかで「もうダメだ」なんてありません。あなたが勝手に自分の穴に入ろうとしているだけ。でもみんなはそんな小心者の山羊座が好きです。あなたから光が消えるのを見たくはありません。他人に自分をさらけだす少しの勇気を持って。

## SNS

山羊座のSNSにはすごく個人差が出ます。

たとえば「みんなでいることが大好き」という開放的なスタンスの山羊座の投稿は、「＃みんなと一緒に過ごした時間」とか思い出のアルバムのような面が強くなります。

一方、自分を閉ざすタイプの人は、匿名の裏アカウントを持っていて比較的自由に発言していきます。もちろん、どちらも他人への誹謗中傷はやめていただきたいのですが……。

山羊座に一番必要なのは、「ボーッとするだけではない、プライベートについての報告」です。全部のスイッチをOFFにしてしまうと、「ゲーム以外やらない」「何もしない」というふうになってしまいがち。だから、匿名でもいいので、ぜひSNSを活用してください。「いいね！」がつかなくてもいいから「自分のプライベートの紹介」をしてほしいのです。そうすることで、次第に他人に心を開いていけるようになり、誰かと情報を共有したい気持ちが増していきます。

しいたけのつぶやき

## 「バクチ性」を秘めた山羊座

山羊座が暴走しなくなったら
世の中が面白くなくなります。
山羊座って「真面目」よりも、
すごい「バクチ性」を秘めた人たち
だと思います。
「好きなものは命懸けで好き。
倒れるまで全部やってやる」
という不器用さと、執念。夢。
傷つくことと表裏の誠実さって
素敵です。

開運ワード

## 「失ったものもある。でも分かったこともある。得たものもある」

プロ意識の高い山羊座がひどく恐れているのは、「周りを失望させる」ことや「期待以下の働きをしてしまう」こと。山羊座の「何かうまくいかないことがあったときに自分を責める力」は強烈で、「自分がこれまでやってきたことのすべてが間違っていた」と思い込みやすい。その破壊力を知っておいてほしいのです。そして失敗しても、「失ったもの」より「分かったこと」と「得たもの」に目を向けてください。１００点中2点ぐらいの自分でもいいです。そこから積み上げていけばいい話だから。冷静に、自分に対してフェアで客観的であること。

## 「私はもっとできる」

他に「もっと楽しんでチャレンジできる気がする」とか「いまこういうことが起きたのは、乗り越えていくタイミングに出合ったんだ」とか。無邪気に言ってみてください。あなたが持っているポテンシャルは精神状態に強く影響されます。だからこそ、自分を保って。そして自信を持って。大丈夫だから。エンジンがかかる言葉をつねに自分にかけてあげてください。

## 「あなたを必要としている」「そういう指摘をしてくれて助かりました。ありがとう」

これはあなたの周りにいる人にかけてほしい言葉です。山羊座は自分自身の城塞を持ち、そのなかで全部自分で処理をしようとしますが、意識して他人を必要としたほうがいいです。あなたは真剣になればなるほど、「無言で」ミッションを遂行します。そうすると失われていくのがコミュニケーションです。「言葉によって伝える」って本当に大切なことで、言わないことは基本的に「なかったこと」になります。だから耳が痛いことでも大切な忠告をしてくれた人を歓迎してください。あなたは他人の意見や指摘を大切にできる人です。

山羊座のあなたへ
しいたけからのメッセージ

# 「私でごめんなさい」なんて思わない！

あなたは人を笑顔にさせる力を持っています。そして他人から見て「かわいい」と思われるチャーミングな部分も持っています。だけど、あなたが持つ力や魅力って、精神状態によって左右されます。「自信を持って」と言うのは簡単なのかもしれません。実際にあなたは自分に自信を持つために途方もない努力をし続けることができます。でも、「自己努力」という殻に閉じこもらず、あなたを分かりたい人がちゃんといることを受け止めてください。そういう人って、あなたのカッコイイところだけを見たいわけじゃありません。得意なことも苦手なことも、一緒に受け止めていきたいのです。「私でごめんなさい」なんて絶対に思わないこと！　笑顔が曇っちゃうから。

# 11章

# 水瓶座《みずがめざ》

1/20－2/18

みんなの期待に
応えようとする素直さ。
芸術や美に対する研ぎ澄まされた感性

弱音が吐けず、
目標達成のためのルールで
自分をしばりがち…

Aquarius

水瓶座の性格は、ファンタジーな部分と現実主義者としての顔によって構成されています。たとえば、あなたは小さい頃に観たアニメやドラマ、音楽、舞台、テーマパークなど「夢の世界」の体験をずっと大切にしています。人生に「奇跡」を起こす〝魔法〟の存在が消えないのです。

ところが面白いことに、「現実は魔法じゃないから、きちんと自分の目標に合わせて努力を重ねないと、ほしいものは手に入らない」とも考えています。他の星座の人に比べても「現実主義者」としての性格が強いのです。

だから、どこかで「大人になれない」自分に対して罪悪感を持っているところがあります。「もう子どもじゃないんだから、ちゃんとみんなを安心させて期待に応える立派な人にならなきゃ」と。

それでもちゃんと「子どもの世界」を残しておいてください。現実が大切だからこそ、夢見ることも大切にしたい。子どもの自分がワクワクするようなファンタジーの世界に、いつでも帰れるように。そこがあなたのふるさとなのだから。

そして、あなたに伝えたいのが、あなたがよく抱く「罪悪感」についてなのです。

あなたは「お世話になった人を裏切りたくない」し、「ここまでしかできない自分が情けない」。そんなふうに悔しくなったり、悲しい気持ちになってしまう裏側には、全部「他人からの期待」を自分に課しすぎてしまう性質があるのです。

他人に対してやさしい人は、自分に対して強く罪悪感を持ち続けます。だから、その罪悪感を「やさしさ」だと受け取ってください。そして、「そこまであなたが抱えなくていい」とつねに自分に言ってあげて。

「期待に応えられるときは応えられるだろうし、応えられないときは応えられないよな」と思っていていいのです。

基本性格

## ◆現実主義とファンタジー性の両極を持つ
## ◆クールに見えて、中学生のような心で夢を追う
## ◆案外ありのままの自分に自信がない面も

蜜

こういう言いかたはあまり歓迎されないかもしれないのですが、水瓶座にはとにかく真面目な面があります。

よく学校で「どうしてか分からないけれど、いつも学級委員に選ばれる人」っていたでしょう？　あなたにはそういうところがあって、「自分がどういう人間か分かっていないけれど、周りの人にあなたならできると期待されて、ある役割を命じられる」。そして、自分のために生きるというよりかは、期待される自分を律儀にやり通そうとします。周囲の求めを裏切れない人なのです。たとえば、あなたは誰かに嫌われることはあっても、自分から誰かを嫌いになることは難しいです。他人のために尽くし、サービス役に徹し、期待に対して100パーセント以上の結果を出して応えようとします。そんなあなたは周りの人にとって「なくてはならない存在」になっていくのです。

また、ただ誰かのために働くのではなく、芸術や「美」に触れる世界を大切にします。水瓶座の「美」に対する感性って、いつも研ぎ澄まされているのです。いずれにせよ、あなたは一生学び続ける人。「まだ自分が知らなかった感動に出合いたい」がために旅を続け、感動を追い求めるのです。

# 毒

水瓶座の毒は、「固く自分の感情を閉ざして、ロボットのように働いてその場を切り抜ける」のをやりすぎてしまうところ。苦しいときに苦しいと言えないし、そもそも「苦しいって何？」とさえ思っています。これには独自の思考回路が関係していて、「喜びを得るためには、その途中で苦しいことがあって当たり前」と考えやすいのです。「勉強して頭が良くなりたい」と決めたら、寝たいときに寝る生活から「英単語を1個でも多く覚えてから寝る」生活に変えられる。「世の中に楽なだけの話なんてあるはずない」とひどく現実的で、目標達成のためのルールを自分に強く課します。だからこそ、気をつけないと周りの人に「え、なんであなたがそこまで背負っているの？　もっと楽な道があるはずだよ」と絶句されるぐらい、苦しさを複数背負ってしまったりします。なかには自分が幸せになるのを封印して、「私が我慢すれば大丈夫だから（ニコッ）」と悲しい笑顔をする人も。

　成熟した水瓶座は「自分が無理している」ことに気づこうとします。「全部が全部できていない私」を肯定してあげること。「他人への失望」を感じているときのあなたは、弱音を吐けないまま限界を超えてしまっていないか、自分に聞いてみてほしいのです。

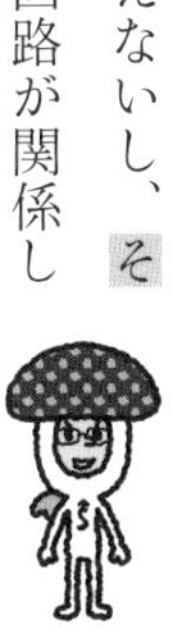

## 全体運

２０１８年の水瓶座は、「仕切り直し」の時期を過ごしています。いままでやってきたことがゼロになるとか、そういう意味ではありません。むしろ、これまで経験したことを大切にして、また再び新しい景色を見たい感覚が強まっています。これまでもお伝えしてきたように、あなたは自然に「誰かからの期待」に縛られてしまうことがあります。「あなたはこの分野のスペシャリストだ」と決められてその役割を求められたら、ずっとその期待を背負ってしまうのです。

あなたは２０１７年〜２０１８年を通じて、この「ひとりでも喜んでくれる人がいるなら、その期待を裏切れない」という性質を脱却していきます。やりかたは簡単。「ありがとう」と心を込めて言っていけばいいのです。ちょっと悲しいたとえ話になってしまうのですが、カップルが別れを迎えたとき、「もっとこうしてほしかった」と不満を言えたらまだやり直しのチャンスがある。でも「いままでありがとう」とどちらかが言ったら、その関係はもう「過去」のもの。少し寂しいけれど「ありがとう」は過去を清算し、未来へと進ませてくれる言葉です。

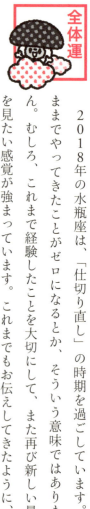

## 恋愛

水瓶座が恋愛に直面したとき、一番はじめに感じることは「好きな人とどうやって距離を縮めたらいいか分からない」です。あなたは人に分け隔てなく親切で、「一定の距離まで好意を持って近づくこと」はさほど苦手ではありません。でも「特別な関係になろう」とすると、相手に対して気を遣って疲れてしまいます。その上、「いや、私なんて」と卑下してしまうこともあります。この「気遣い」と「卑下」の正体は、「特別な人から寄せられる期待には、絶対に応えなければいけない」という過剰なプレッシャーです。

だからまずは恋愛を「おはよう」と挨拶して、おいしいご飯をたまに一緒に食べるくらいの関係だと思ってほしいのです。ここで重要なのは、あなたがその人と一緒にいて「気持ちいい」と感じること。「この人とご飯を食べると楽になれるんだよな」って。まずはそう感じてから、一緒に出かける場所をその人と検討していけばいいのです。はじめはグループ内の付き合いからでもいいと思います。

そして、ひとりの人に絞り込みすぎて「過剰なサービスをしてしまう恋愛」にはちょっと気をつけてください。あなたにとっての恋愛は、朝食のメニューのような軽さでスタートしていくのがおすすめです。

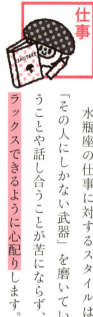

## 仕事

水瓶座の仕事に対するスタイルは、やはりどこか専門に特化して、「その人にしかない武器」を磨いていくことになります。人と分かり合うことや話し合うことが苦にならず、積極的に周りの人たちが仲良くリラックスできるように心配りします。

でも仕事の現場となると話が変わって、ときに鬼教官のように厳しくなります。なぜなら、あなたは誰かに「面倒をみてもらった」「教えてもらった」という恩義を、自分の人生をかけて返していくのが好きな人でもあるからです。普段は許せても、聖域である仕事では「テキトーにやっている人」が許せなくなったりするところがあります。

あなたにとっての仕事は、「縁」でやってくることが多いです。「そんなに得意ではなかったけれど、周りから頼まれてこなすうちに、ある分野にすごく詳しくなって気づいたら仕事になっていた」とか。

他人の期待を過度に受け止めないでほしいですが、自己評価よりも「他人から褒められるところ」を自分の良さだと愚直に信じてみてください。それがあなたの次の仕事を作っていくから。

「私を待っていてくれる人はいるのでしょうか」。これが水瓶座で目立つ悩みです。水瓶座の人には、既婚者であってもときどき強く訪れる不安のひとつのようです。

「恋愛」の項目でもお伝えした「距離の縮めかたが分からない」というところにも起因するのですが、あなたは誰かを好きになればなるほど「その人の邪魔をしたくない気持ち」がとても強くなるのです。「私はこの人の迷惑にならないか」などと頭であれこれ考えないで、まずは相手に対して「あなたという素敵な人が存在してくれて、ありがとう」と思ってあげて。その上で「あなたのことをもっと知っていきたい」という態度を取ればいいのです。

もしもそれで「苦手」と思われたとしても、それはその人が出した答えであって、あなたが傷つく必要はありません。

「嫌われるかもしれない」と、ひとり相撲を取って先んじて決めつけないこと。自分で全部の責任を取ろうとしないこと。「待っていてくれる人」はきっといます。「誰かと一緒に」。これがいまのあなたのテーマなのだから。

## SNS

水瓶座のＳＮＳでの在りかたには、どこか詩的なものがあります。
水瓶座の基本性格には「ファンタジー性」と「現実主義」、ふたつの性質がありますが、テキパキと物事を処理していく現実主義者としての性質は毎日の生活のなかで発揮され、ＳＮＳでは「ファンタジー性」のほうがよく現れるようです。
だってＳＮＳって、現実であって現実ではありません。たとえば、「人を好きになるってどういうことだろう」とか「この旅行は私にとってどういう意味を持つのだろう」とか、いまの自分の経験値では消化しきれない想いや感情が発信されていきます。言葉なり写真なりに気持ちが託されて掲載されていくのです。
あなたは、写真に言葉が添えられた「詩集」のような投稿を得意とします。あなたによって生み出された世界は、多くの人が大人になったときに忘れてしまうような情景を思い出させてくれます。

しいたけのつぶやき

## 水瓶座の小さなズルさ

僕が水瓶座の好きなところって、
すごく小ちゃい部分で
ズルしようとするところです(笑)。
ポテトやケーキを多めに
お皿にとっちゃうとか。
透明さ8割のなかに、残り2割で
「みんなー、私のために動いてー」
っていう小ズルい部分があります。
でも、犠牲も多い人だから
許してあげてほしいです。

開運ワード

## 「ありがとう」

律儀な性格のあなたのなかに根強くある言葉――それは「まだこの人の期待に応えていない」。あなたは、一度でも自分に愛や期待を贈ってくれた人のことを忘れません。ずっと昔のことでも「私はまだあの人を喜ばせられていない」と約束を守り通そうとしたりする。たまには「ありがとう」と言って過去を清算していく必要があります。期待に応えられても、応えられなかったとしても。胸に手を置き、心を込めて言いましょう。「ありがとう」は未来に向かわせてくれます。

## 「はー、楽しい」

外から見るとすごくクールで「しっかりしている」あなたですが、中身は「ずっと中学生」。理知的に、冷静に物事を進める力もありますが、陶酔感に浸って「もっと限界を超えてみたい」とか「もっと楽しみたい」とか、「なんかいい感じで気持ち良くなっちゃったモード」でいるほうが大きな力を出せます。だから「あれもこれも」と心配しすぎず、「はー、楽しい」とつぶやいていきましょう。「あー、嬉しい」とか「もう、すごい」とか、ポジティブな感嘆を増やしていくと、あなたの気分は乗っていきます。

## 「魔法ってあるかもしれない」

あなたはすごく真面目なところがあります。あらゆるシミュレーションをして、「これがダメだったらこっちにしよう」と代替案を用意し、そして本番に臨む。「遠足に行く前に準備を頑張りすぎて、当日朝には疲れてしまう」みたいなところがあるのです。だからこの言葉で「楽しむ」感覚を取り戻してください。他に「奇跡ってあるかもしれない。信じよう」とか。「ま、なんとかなるよ。私は運の強さを持っているからさ。ははは」って、屈託のない表情で言っていてほしいのです。人に感謝しすぎて、自分が「周りに比べて何も持っていない」なんて悲観してしまうのは、やりすぎ。「なんとかなる」という魔法を自分にかけて。

水瓶座のあなたへ

しいたけからのメッセージ

# 何も起こらない距離から、何かが起こる距離へ

あなたの不器用なところ、ひとりで背負うところ、そして他人に喜んでもらっても、「自分はそんなにたいしたことやっていないよ」と謙遜するところ。あなたの人間としての途方もないやさしさと大きさ、そろそろ自分自身で誇りにしてあげてください。あなたは自分を誇りに思っていい人です。

いまの世の中って、声が大きくて自分の成果を堂々と主張できる人のほうが強いです。それに反して、あなたは自分が愛する人を「少し距離をとって見守る」ことを生きがいにするところがあります。でも、あなたのやさしさはもっと知られるべきです。「何も起こらない距離から、何かが起こる距離へ」。そこにはあなたしか体験できない奇跡が待っているのだから。

# 12章

# 魚《うお》座《ざ》

2/19-3/20

外から押し付けられたルールや
忠告に従うのが苦手。
他人の話がまったく
耳に入っていないことも…

野生の勘が優れていて、
教わらなくとも
生きる知恵をつかみとる力がある

Pisces

魚座は、ひとりひとりが表現者でありアートの人です。

どういうことかというと、あなたの世界ってほとんどインスピレーションで創られていくのです。

ちょっと確認してもらいたいのですが、あなたって「あっ」と言いながら空のほうを見て、何かをひらめいてババーッと喋ったり、考えごとをするにしても急に映像や音が思い浮かんだりすることがとても多いです。「何かよく分からない表現やアイデアが私に降りてくる世界」を持っている人なのです。

だから当然、「普通か変か」と言われたら、変な部分を持っています。あなたは多少「変」に生きたほうが、その能力を発揮できる人なのです。

逆に「普通」という枠のなかに入れられて、「普通はみんなこうしている」とか、そういうことを強要されすぎてしまうと、生命力そのものがしぼんでいく感覚を覚えてしまいます。

ときどきみんなの群れから離れて、ひとりで何かを感じる。ひとりでインスピレーションを受け取って、ひとりで行動しはじめる。そして、自分の表現をはじめ出す。それが「魚座」という、奇怪でとても美しい星座なのです。

魚座にやってほしいのが「〝変〟に対して真剣に生きる」ことです。変か変じゃないかって、いわゆる世間的な常識が決めることです。「みんながやっていること」よりも、誰もやらないことのほうが変であり、非常識です。

でも、魚座が非常識に生きなくて誰が非常識に生きるのか。あなたはそれを強く誇りにしていい人です。

みんなが同じように生きていたら世界が硬直してしまう。「私は旅を続けたい。感動に出合うために歩み続けたい。いまの自分の居場所は仮の場所だから」って。

あなたは誰にも頼らず輝くことができる人。そして、あなたの光を求めて人が集まってくる稀有な輝きを持つ人なのです。

基本性格

## ◆計算やテクニックより、衝動とリズムで行動するアーティスト

## ◆いつも陽気に歌っている「究極の赤ちゃん」のような人

蜜

人間って、教科書から学んでいわゆる社会的に「優秀な答え」を出していくタイプと、サバンナやジャングルを走り回って、そこから勝手に生きる知恵を学んでいくタイプに分かれます。

あなたはもちろん後者の人で、誰から教わるわけでもなく、自分で答えを出していける人です。あなたは良くも悪くも「ジッ」としていることは苦手かもしれません。「やってみたい」と思ったら、もう待てません。その瞬間から動いて答えを追求し出します。

「こっちに行くとワクワクする気がする」――そのアンテナに導かれたあなたは、外に出て宝物を見つける旅をします。その途中でさまざまな人と出会い、出会いのなかでも「自分の表現」に結びつくインスピレーションを磨いていって、自分にしかできない人生を完成させていきます。あなたは表現者です。

あなたが「自分の人生にしかできない」と感じることは、頭がいい〝大人〟とされる人からしたら「バカみたいなこと」かもしれないけど、どんなことでも興味を持ったら猛然と追求する狩人であること。そこにあなたの美しさがあります。

## 毒

魚座の人の「毒」は、とにかく極端に他人の話を聞いていないこと。人当たりもいいし、表面的には穏やかな印象を他人に与えるのですが、「え、前に言ったばかりなのに！」ということがけっこうあったりします。あなたは、「これをしてはいけません」とか「もっとこうしたほうがいいよ」とか、「上から押し付けられている」と感じた話は耳に入ってこないのです。魚座って、大人になればなるほど自由人になる人が多い。なぜなら子ども時代は「学校に通わなければ」とか「みんなに時間を合わせなければ」とルールを守ってきたからこそ、「大人になってまで檻に入れられたくはない、私は私で自由にやりたい」と強く願うのです。

それでいて、自分以外の「自由」に出合うと、ひどく困ってしまうことがあります。「私は自由にやるけど、あなたは計画的であってほしい」と、他人に依存してしまうところがあります。だから、3回に1回くらいでいいから「今日は私に任せて。私がお店を手配する」と主導権を握ってみてください。それで失敗してもいいのです。結果が大事なんじゃなくて、「私も一肌脱ぐ」という参加の意欲を伝えられると、すごくみんなに信頼されるから。成熟した魚座は、「自分の好きな分野でなくても積極的に参加する」という姿勢もとれるようになります。

## 全体運

2018年の魚座は、「シャイから傲慢へ」の道筋にいます。あなたは究極にシャイな部分と傲慢な部分――つまり「自分のやりたいようにしかやらない。それを通す」という性質を強く持っています。善良な魚座って、まずは遠慮するのです。「あ、いいよ私は」って。でも一度、「私を表現する」とか「やりたいようにやる」というスイッチが入ると、もう他人の言うことなんて聞きません。夢中モードに入ると、好きなことに没頭する子どものように「周りの音が一切聞こえない空間」に入ります。あなた自身がそういう「極端な自分」に驚いてしまって「自制しなきゃ」と思いすぎてしまうところがあるほどです。

そこであなたは「もっと他人の話をよく聞いて、もっと立派になって信頼されるようにならなきゃ。周りに感謝しなきゃ」と思うのです。もちろんそう思うのは大事ですが、2018年は周囲に対して「私、これやりたいんで」と言っていったほうがいいです。しつこいけど言わせてください。あなたは強烈な表現の才能を持っています。あなたが本気を出して向き合った表現には、見る人の目を釘付けにする力があるのです。いまは遠慮がいらない時期。チャレンジのある毎日を過ごすこと。

変な言いかたに聞こえたら申し訳ないのですが、魚座って「相手の光を見抜く人」なのです。「あ、この人はまっすぐな人だ」とか「この人は私にとって必要だ。一緒にいたら面白いはずだ」などと感覚でけっこう見抜けます。

でも同時に「アプローチの仕方が分からない」と思ってしまうことも少なくないのです。なぜなら基本的に「平和主義者」だから、変に関係が近づいてお互いを束縛したり、愛することで嫉妬とかネガティブな感情が生まれたりするのが苦手。

ほどよい距離間でニコニコしていたいかもしれませんが、それではあなたが本来持っている「強烈に人を惹きつける魅力」が発揮されません。だから、恋愛をしたいときには「憧れる人、カッコイイと思う人」のイメージ像を持ってみてください。アーティストでもいいです。その人がやっているライブに行ったりして、自分のなかにその人のふるまいを取り入れてみてください。あなたは演技者としての才能があります。自分のオリジナリティだけでいくよりも、「この人のこういう部分すごいな。私も真似したいな」と、他人の格好良さを取り入れて、それを外に出していくイメージをするとすごくいいですよ。

## 仕事

魚座は、最終的に「自分の好きなことを仕事にしている人」がとても多いです。自分の好きなことに自動的に集中できるところがあるから。他の人たちは、仕事のやりかたとして「経験者から教えてもらって受け継ぐ」ことをしていきます。でも、魚座は教えてもらったことのなかでも「すごく得意なこと」と「耳に入ってこないこと」のふたつに分かれます。経験が少ないうちは「苦手なこと」に足を引っ張られたりもするのですが、時間が経つにつれて「この分野はあの人がすごく得意だから任せよう」とか、仕事上における長所と短所がハッキリしてきて、長所においてはプロフェッショナルになっていきます。

だからこそ、あなたは「苦手な部分をサポートしてくれる仕事関係者」を大切にしなければいけません。あなたは仕事でも「鼻歌を歌いながら誰にもできないことをやり通してしまうすごい人」になる可能性を一番強く持っています。「まだ自分には何もない」と思ってしまっている人は、まずは周りを大切にしてみてください。高度なことをやる必要はなくて、何か助けてもらったら「ありがとうございます」ときちんと伝えるとか、基本を意識してみるといいですよ。

## 悩み

魚座の相談で多いのは、「片思いばかりで、その先の関係に発展しない」というものです。あなたは周りの人に「自分の好きなことをやっている」とか「穏やかでいい人だけどちょっと変なところもある」と思われていることが多くて、徹底してオリジナルな人たちです。たとえば、ファッションにはある程度ルールがありますが、魚座は「スーツにアロハシャツを合わせる」とかそういうことができてしまう人。恋愛で親密になるときには、「趣味が合いそう」だったり「この人と私、同じコンプレックスを抱えているかもしれない」、「私と同じものを持っている」という共感が必要ですが、オリジナリティが強い魚座は一見、「共通項が少ないな」と思われがちなのです。

対策として、半分は自分の世界に夢中になっていても、残りの半分は「人に合わせる技術」を学び続けることを意識してみるといいかもしれません。「私はこうだから」と決めつけすぎずに、「私もね、そういうところあるんですよ」と相手の話に共通項を探してみる。別にうまいことを言う必要はなくて、「あー、分かる。そういうところあるよね。私もやっちゃう」と言って仲間だと思ってもらえたら、相手も嬉しいはずです。

## SNS

魚座の人の内面は、「音楽プレーヤーで、いろいろなジャンルの曲がシャッフルされて流れている」みたいなところがあるのです。好きなジャンルがとくに決まっているわけではなくて、「自分が感動したもの、良いと思ったものはジャンルを問わず良い」と感じる心を持っているのです。いつもさまざまなことにダイレクトに感動している人なので、SNSでわざわざ自分の体験を報告するなんて煩わしく感じるかもしれません。「そのときの感動は、そのときに味わい尽くしたい。あとで〝どう感動したか〟を報告するのは違う」と感じているところもある。

だからこそ、あなたにとってのSNSは、「今日はここにすごく感動した！」とか「この店、また来たい！」とか、感動したものを載せるアルバムにしていってください。でも、SNSから距離をとりすぎてしまって1年に1回の投稿になったりすると、「何をしている人なのか分からない」と、周りの人につかみどころのない人に思われてしまうこともあるから、間が空いてもいいので「感動のアルバム」を定期的に更新し続けていってください。

しいたけのつぶやき

## 外界と一線を引く魚座

魚座は、マスク率と
ヘッドフォン率が高いのです。
サングラス率も高い。
それって、外界の音とか視界とか、
もっと言うと世界というものに
対して「一線を引くバリアー」
みたいな機能を果たします。
「リズムが乗らないところで
力を発揮できない」魚座は、みんなと
一緒にいるようで、いないんです。

開運ワード

## 「今日は楽しかったです。今度、あの話についてもっとお聞きしたいです」

いきなり社交辞令の定型文みたいになってしまいましたが……あなたには「来る者拒まず、去る者追わず」の態度があります。そこにもうちょっとだけ積極性が周囲に伝われば鬼に金棒。「あ、この人いいな」と思ったら、その人に聞いた話で興味を持ったエピソードをひとつだけ心に留めておいて、それを本人に伝えてみてください。メールなどでお会いした御礼に添えて送れば、自分の「好意」を相手に渡すチャンスになる。「困ったときは社交辞令」って覚えておいて損はないです。

## 「バカみたいかもしれないけど、私はもっとやってみたい」

素直に真剣に、「自分にしか追えない夢」を追求するとき、あなただけの魅力が発揮されます。どうぞバカになってください。魚座って表面的にはニコニコしているのですが、決して群れません。心が動かされるものがあればひとりでも行動します。「夢」は、何も「社会的に立派なこと」でなくてもいいのです。「3年に1回海外旅行に行って、ブログに書く」とか、自分が満たされることをしていきましょう。

## 「はみ出せよ」

あなたは「何が起こるか分からない人」が大好き。「昨日ね、サラダのドレッシングに飽きたからジュースをかけてみたの。すごくまずかったけどすごく楽しかった！」みたいな〝はみ出す〟人に好感を抱きます。

魚座が疲れを感じるのは、「枠のなかに入れられてしまっている」と感じるとき。身近な人間関係でも、「あ、ここにいても面白いことが起こらないな」とマンネリを感じてしまうことがあります。そんなとき自分自身にかけてほしい言葉です。

# 人生のなかで何とともにありたいか

あなたは夢が持てる人。夢って別に大げさなものである必要はなく、道に迷ったときに立ち止まって「あ、そうか。私は○○を大切にしているから生きているんだ」と力を与えてくれるものならなんでもいいです。自分は「人生のなかで何とともにありたいか」。笑顔なのか、愛なのか、ワクワクなのか……そういうものをぜひ、ひとつ持ってみてください。

「バカみたいに思われるかもしれないけど、私は自分の人生をかけてこういう人間になっていきたい」と周りの人に話していくうちに、そのうちの何人かが「あなたが追っていく夢を一緒に見ていきたい」と真剣に願うはずです。だから「すぐそばにある評価」だけに生きないでください。バカみたいなことを真剣に。そこにあなたのワクワクがあるはずだから。

# しいたけの部屋

「毒」について考えてみた

# 「人に嫌われたら」

人に嫌われることってあるじゃないですか。

自分のことって自分ではよくわからない部分があるから、ときどき誰かに対してかなり失礼なことをしてしまったり、その日その日の体調などによってミスが起きてしまうこともあります。

そういうときに相手に不快に思われたり、その延長線上で「あの人はちょっと……」と嫌われたりするのは、まぁしょうがないと思うんですよ。起きちゃったんだもん（笑）。

で、ここで取り上げたいのは、

「とくに理由もなく嫌われることって、まぁまぁありますよね」

という話なのです。

これは僕の経験にもとづいた話なのですが、人はときにわけもなく、感覚で人を嫌いになることがあります。

別に「何かがあったから」とか「相手の髪型が気に食わなかったから」と

か、そういう明確な理由があったわけではなくて、たまたまその日にいろいろなイライラがあったりして、そのイライラがたまたまなんらかの頂点に達してしまった。そこに居合わせた人を、嫌いになるということもかなりあると思うんです。

だから提案したいことがあります。

それは、明確に嫌われた理由が見出せなかった場合においては、「あー、この人私のこと嫌いなんだ！」と思って、それ以上は深追いしない。そのほうが健康的に生きられます。

人が人を「嫌う」ときって、なんかやっぱりちょっと理不尽な部分もあったりするんですよ。だいたいは、「お前はそんなこともわからんのか」と、絶対にこっちが負けるゲームを仕掛けてこようとします。そのゲームに乗っかっちゃったり、その「嫌い」という評価をくつがえそうとしたり、「私の何が悪かったんだろう」って落ち込む。そういうことって必要以上にはやらないほうがいいです。

嫌いな人って想像以上に「あなたみたいな存在、生きかたが許せん」って思ってることが多いから、その評価をくつがえすために絶望的な労力は費やさないほうがいい。

いま我々が生きている社会は、とくに「目の前の人の不機嫌を自分がなんとかしてあげなければいけない（空気）」が強いから、「あー、嫌いなんですね。わかりました」とするだけで、だいぶ負担が減って、「次に私がやるべきこと」が見えてきます。

自分を好きでいてくれる人よりも、自分のことを嫌う人のほうが圧倒的に目立つけれど、あんまりそこに足元をすくわれないでくださいね。もうしょうがないんだから、嫌われるのは。

ちなみにこれは、「自分を嫌いになった人をバカにしていいよ」という提案ではないから、その辺だけはあしからず。

# 「匂いは大事」

いろいろな人を見てきたひとつの感想なのですが、「やらなければいけないこと」が多くなり過ぎて、そればっかりやっている人って、妙に「無臭」になり、その人独自の匂いがしなくなることがあるのです。

そういう人に「いま何がしたいですか?」と聞いても、「うん」と言ってしばらく考え込んでしまうことが多いのです。だから聞かない(笑)。「悩みごとを多く抱えている」人も、この「無臭」の雰囲気になる感じ。

その人の表情と、その人が放つ匂いって、連動しているんです。安易に「幸せ」という言葉は使いたくないけど、なんとなく幸せそうな人って、その人特有の匂いがある。これは香水の匂いとか「昨日カレー食べましたね」という匂いではなくて、古語で「にほいたつ」と言われるようなニュアンスのもの。「何食べたい?」→「カレー!」などとすぐに答えられる人は大丈夫。幸せの匂いがします。

ちょっと言い過ぎかもしれませんが、「幸せへの行動」ってまずは「匂い」から始まる。だって、「食べるものはなんでもいい」って言う人と、ハンバーグの匂いを想像して「今日はハンバーグが食べたい！」と言う人とでは、幸せ度が違うんです。

普段、たくさんの人のことを見ていて感じるのが、その人に訪れる変化って、「1対9」くらいの割合でやってくるということ。勘がいい人って「1」の動きを敏感に察知する。その変化は「具体的に新しい動きが見えて確認できる」わけではなくて、「見えないもの」から気配で感知するもの。

で、匂いって目に見えないものじゃないですか。そういう目に見えないもののなかに「幸せの匂い」を嗅ぎ分けられるかどうか。匂いって、それほど人が生きていく上で重要なファクターであり、その人の運そのものを左右するぐらいの大きな力があると僕は思います。だって、誰と一緒にいたいと思えるかって、その人から発せられる匂いが幸せに感じられたからってことが多いから。

大気のなかに雨が入ってきたときの匂い、梅雨の晴れ間に干す洗濯物の匂い、夏が近づいてくる匂い……こういう匂いに気づく人って、鼻歌が歌えるはずなのです。

いろいろと頑張り過ぎて疲れたときに、人の五感からまず失われていくものって「匂い」なのです。いつのまにか自分が「匂いのない世界」にいるときってやっぱり疲れが溜まっています。匂いのない世界にいるときの精神状態といえば、「やらなければいけないこと以外、何もやる気がしない」。誰でもこういう状態って一度は体験していると思います。まぁ、ありますよね、そういうとき（笑）。

過度に「どの匂いもダメ」という人も、なんらかの疲れを背負ってしまっているのかもしれません。そういうときは、1時間に1回以上、自分の洋服の柔軟剤の匂いや香水の匂いを意識して嗅ぐだけでも、匂いのない世界に行かずに済みます。

まずはみんなでいまの匂いを探してみましょう！（勝手に巻き込む）

# 「月曜日はひとりドキュメンタリー番組」

これは持論なのですが、月曜日の朝こそ「情熱大陸」や「プロフェッショナル〈仕事の流儀〉」とかに出ているつもりで、「ひとりドキュメンタリー番組」をやる。

✦なんとなく気分が優れない
✦疲れが溜まっている

とか、そういうときはカメラに密着取材を受けているような感じで、「あー、仕事行きたくねーなー」とか言ったほうがいいのです。
そう言ったらカメラマンとかインタビュアーは、「え、どうしたんですか?」って訊いてきます。そうしたら「うーん」とか言って、洗面台の前で髪などをセットしながら「最近あんまり上手くいってないんですよね」とかテキトーに答える。

ドキュメンタリー番組って、番組の性格上「答えの強要」をしてこないのです。だから本音が言える。

答えの強要って怖いじゃないですか（笑）。

「あなたはもっと頑張らなければいけない」とか「みんな頑張ってる」とか。自分と利害関係がある人はそう言ってきます。言わざるを得ないんですよね。

自分が「はー」ってため息をついちゃうようなことって、悶々と無言語のなかにずっと入れとかないほうがいいです。自分の悩みって、それを言葉にして話すだけでも、いくぶんか解決への方向に向かって歩み出します。

だから、「ひとりドキュメンタリー番組」をやるときはインタビュアーに「どうしたんですか？」と訊かれるだけで、そこで別に解決策は見出さなくていい。「うーん、しんどいんだよね」とか言って、何かを考えてる風のカットでその場はオチをつけなくていいです。

そして、その「どうしたんですか？」を何回かくり返されているうちに、ポツポツと自分の考えって語り出せるんです。

それまではやっぱり「本来こうあるべきだ」とか「もっと状況はこうであってほしかった」とか、自分のプライドやイライラ感のほうがどうしても前に出ているから。

たまにはカメラマンとかインタビュアーに「大変ですね。頑張ってください」と言ってもらってください。

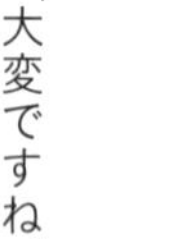

# 「クソヤローでいいじゃない」

最近、星座別の文章を書いていて、それに対するコメントやツイッターなどを拝見していて気になったことがあって。

それは自分のことを、「イヤなやつですよね。すみません」と自己評価している人が思ったよりも多いということ。直感的に思ったのですが、このセリフってあんまり言わないほうがいいと思います。余計なお世話なんですが。

本当に自分のことを「イヤなやつ」と思っていたとしても、「すみません」って言ってしまうと自分を否定することになっちゃう。もはやそれは謙遜ではなく、そういう自己否定ってけっこう癖になります。

もちろん、僕なんかもたまにギャグで言います。「いやー、クソヤローなんですよ」って。だけどそれは、自分が大好きっていう前提なんです。「イヤなやつなんですよね。ハッハッハ」くらいに思っていたほうがいいと思います。

本当にイヤな人って自分のことを「良い人」だと思っています。

そして、自分のことを良い人と思っている人のほうが怖いんですよ。自分のことを良い人と思っている人って、人を正す権利が自分にはあると思ってしまっているから。


自分にはすっごく面倒くさいところがあるとか、イヤなところがあると自覚している人のほうが、その「狂気」とか「凶器」を自制できるんです。

たとえば、分析癖が強過ぎて、それで失敗をしてきた人って、「あ、これ以上相手の弱点を指摘すると、もう自分も相手も救われなくなる」っていう、レッドゾーン（危険地帯）に入る前にブレーキを踏めるんです。


人の面白さは「凶器」です。毒でもあります。

毒が強過ぎると本当に人を傷つける。だけど、「じゃあその毒を全部取り除いていこう」とするほうがもっと狂気で。ある程度毒を持ちつつ、バランスを保てている人って、

「こんな面倒くさい自分がなんとか生きてこられたのも、周りの人のおか

げ」

と、周りに感謝している人だと思います。でも、そう言える人って、それ以前に傍若無人のクソヤローな部分があったはず。とくに10代、20代の若い頃なんて「クソヤロー」をやるのが仕事みたいなところがあるんだから、そんなに従順にならなくていいです。

なんか結局、「元クソヤロー」が一番信頼できる。綺麗で、なんにでも修正をかけられる頭が良い人って、無慈悲だったりするんだよなぁ。

乱文失礼します。

僕はクソヤローを許したいです。ごめんなさい。世の中の善男善女のみなさま。

# 「どうしたら結婚できますか問題」

✦どうしたら結婚できますか
✦私結婚できますか
✦どうやったらモテますか

この3つの質問は、おそらくいまの仕事をしてから一番たくさん受けてきたものであり、そしてもっとも明快な答えを出すのが難しい質問です。

僕は直接、人と会っているときもメールを読んでいるときも、字面や文字でその質問を理解するよりも、そこから伝わってくる音声や表情、匂いのほうを重視すべきポイントとしています。

たとえばある人が、すごく苦しい表情で「幸せになるためには、他人の悪口は言ってはいけないと思っています」と言ったとしたら、それが正しくても、あえて「いや、他人の悪口言ったほうがいいですよ」と言う場合もあります。

冒頭の質問をしてくる人たちに共通していたのは、その質問をするときにほとんど「無表情」だったこと。7割以上がそうでした。

逆に、ちょっと照れながら、「こんなこと聞くのあれなんですけど、どうしよう恥ずかしいな。私、結婚できますかね？」と聞いてくれた人のほとんどが、何年後か（多くはその1年以内）に素敵な人と出会って結婚していました。

これすごい発見だなって思っていて。先の3つの質問って言い換えると、

## ✦自分が好かれるためにはどうしたらいいのか

ということなんですよ。この質問自体に「自己否定」が入っているでしょう？

「いまのままの私って、結局誰からも特別に愛されないんです。どうやったら私は他人に受け入れられますか？」ということ。これを質問する姿勢って、真面目ですごいと思うのですけど、どうしてもそこに「自己否定」が入っ

ちゃう。自分を否定しているとき、人はかなり無表情になっているんです。無表情って、言い換えると表情が仮死状態になっているときなんですよね。

「他人から好かれるためにどう頑張ればいいか」の努力って、不毛に終わります。だって、他人なんていつ振り向いてくれるかわからないんだから。居酒屋でみんなのために何気なく唐揚げにレモンを搾ったら「キュン」とされたとか、恋ってそんなことで始まるかもしれない、いい加減なものなのです（「唐揚げレモン」は嫌いな人もいるから要注意）。

だから、「どうやったら他人に好かれるか」なんて問題設定よりも、

✦どうやったら、いまよりも自分が人を好きになれるか

を追求したほうが断然いいです。そのためにいっぱい間違ってほしいのです。他人を好きになることに正解なんてないから、たくさん失敗をしてください。

誰かを好きになったら「もっと振り向いて」と相手に求めることよりも、「自分がその人を好きでい続けるために変わっていくこと」が大事になる。

「あ、今日は会わないけどもうちょっときれいにしていよう」とか、相手と向き合う時間以外の自分の時間が良くなったら、それはすごくいい関係。

一方で「誰かと向き合って自分が変わっていくこと」ってものすごくしんどいこともあるから、たまには休むこと。変わることや成長することってすごく体力を使うし、何回挫折しても「変わった」部分が失われることはないのだから、「自分なりに頑張ってきた」と、どうか自分でねぎらってあげてください。頑張った結果って、必ず返ってくるから、目先の他人からの評価だけに惑わされないでください。

# 「レタスの悪口を言ってはいけない」

これは僕の友人から聞いた話です。

友人がある日、ある人に「なんか〇〇さんが陰であなたの悪口言ってたわよ」と言われて、なんか「モヤッ」としたんですって。一種の「告げ口」です。それで、友人はその人にこう言ったそうなのです。

「私もあの人のことを前から合わないと思っているし、私だって誰にでも好かれるような立派な人間じゃないって思ってる。だから、別にあの人が私のことを嫌うことはたいした問題じゃなくて、『私の力によってどうしようもできないことをわざわざ私に言ってきて、私の生活を乱そうとした』あなたのほうに見えない悪意を感じるの。ごめんなさい、だからあなたとは距離をとらせてください。あなたみたいな人が苦手です」

僕はこれを聞いてしびれました。この発言についても、僕がここでこのようなことを書くことについても、ちょっと抵抗を覚える人がいると思います。

この友人が感じた「見えない悪意」って、僕なりの解釈だと「頼まれてもいないのに、その人の生活の中に暗さを与えようとする人」のことなのです。

直接、「ここが嫌です」って言われるのはしょうがないじゃないですか。むしろ言ってもらって助かることもあるわけだし。少なくとも対応の仕方は自分で選べるから、無視したり、指摘したことによって「自分が間違っている」と思ったら謝ったり訂正していったり、そういういろいろな選択肢が与えられるじゃないですか。

でも、「あの人が言ってた」って、確かめようがなくて訳がわからない。モヤモヤだけが残る。その拡大バージョンが、「みんな言ってる」です。いやいや嘘だよ、みんなは言ってないよ（笑）。


なんかですね、これは、レタスとかきゅうりをおいしそうに食べているときに「あんまり栄養ないよ」って言って水を差す図式に似ていると思うのです。それを言うなら、「あんまり栄養ないみたいだけど、おいしいよ

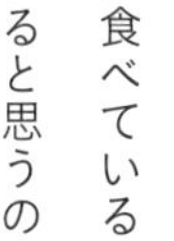

ね！」ってフォローが最低限は必要。それを言わないと、言われたほうもレタスも、ショックを受けて非行に走ってしまいます！

「俺、栄養なかったんだ。必要とされてなかったんだ。キャベツには勝てなかったんだ！」って。

そういうレタスに対して無慈悲な行為はなるべくするべきじゃないのです。

「栄養で君を選んでいるわけじゃない。照り焼きバーガーに君がいないバージョンを考えたことがある？　レタスのシャキシャキがない照り焼きバーガーなんて地獄の食べ物だよ。だから僕は君のことが大好きなんだよ。そうだよね？　食物繊維君」

「そうだよ、大腸にとって君は必要なんだ」（食物繊維談）。以下略。

知識や情報通という武器は、容易に人を傷つけます。無慈悲に、救いを断ってしまう凶器になります。だから、どれだけ知恵を操れるかとか、どれだけ鋭いことを言えるかではなくて「どこまで言うべきで、どこからは言うべきでないか」を、その場で慮るのが「品」なのだと思うし、知識よりも品のほうが大事だと個人的には考えています。

本当にぶつかり合わなければいけない関係性や場面ならともかく、「自分がそれを言うことでその人の存在を祝福できるのか、それともその人の一日にモヤモヤを残すのか」。それってやっぱりすごく大事な問題だと思うのです。

モヤモヤを誰かに残す行為って祝福ではなく呪い。「モヤッ」は、なるべく相手に残しちゃいけないって思います。その日のうちに解決するか、フォローを入れておいたほうがいいです。非行に走るレタスを、我々は作ってはならないのです。

# 「男の人の既読スルーに出合ったら」

最近特に多い相談が、LINEなどで、

✦相手から返信がこない
✦既読スルーされる
✦もしくは未読スルー

……なんですね。これはもう、コミュニケーションツールが発達すると宿命的に出てくる問題だと思います。でもここ最近は、とくに男性側が「プツ」と返信をしなくなったりしてしまう（ところまで疲労などで追い詰めてしまう）ことが多いようです。

別にここで「いまの男性の心のなかで何が起きているのか？」と、大げさにこの問題を扱うつもりはありません。まぁ、疲れてるんでしょう（笑）。だけど、そのときの対策だけお伝えさせてください。メールやLINEだ

けではなく、「心を閉ざした相手」に対して対応したい、何か自分にしてあげられることをやって心を開いてほしい、と思ったときに心がけてほしいこと。それは……

「相手に心を閉ざす権利を認める」

これはもうしょうがないです。

相手に心を閉ざされると不安になります。そして、怒りも湧いてきます。相手からの反応がないことで、いろいろな心配をしたり推察したりできるからです。

「俺はお前の一言によって怒りが心頭に発した。お前が俺をすごく心配するように、俺は心を閉ざす。ざまーみろ」などという、相手の〝当てつけ〟かと捉えてしまうこともあります。

そんなときは……できればメモ用紙に、なければ携帯電話の「メモ」でもいいので、

✦目的
✦今日の私にできること

のふたつをまず書いてみてください。

「目的」というのは、たとえば「彼がこの問題を乗り越えてふたりでまた笑い合うために」でもいいです。「目的」って、何かに書いて確認しないと、絶対にわからなくなります。ただの不安や怒りのぶつけ合いになってしまうこともある。

そして次に、そのために「今日の私にできること」を書く。「私はいまいっぱいいっぱいだから、気分転換をする必要がある」とか。

紙に「書く」という行為は、至近距離で不安と向き合う自分を、「離す」という効能があります。書くことによってほんのちょっとだけ「彼とのこと」でいっぱいいっぱいになってしまっている自分を「離す」。

これが「頭だけ」で考えていると、「そういえば、あのときも相手が勝手に心を閉ざして、私がもう本当にどうしようもない気分になった……」とか、不安と怒りと過去にあったことと、これからに対するめちゃくちゃな心配に支配されて、ますますネガティブな考えごとの渦中に入っていきます。

人って生きていく限り、絶対にネガティブな出来事を避けることはできません。でも、いつ、どんなときでも、どんな問題でも、そういうネガティブな問題に対して「適切な距離をとる」ってすごく大事になります。ぐちゃぐちゃにならないためにも、「目的」「今日の私にできること」を書いてみる。

僕たちは、自分が一生懸命頑張っていても、いつツイッターとかＬＩＮＥとかで「バカ」とか「この野郎」と言われるかわからない時代に生きています。凹まされるチャンスに満ち溢れている。

だから、あらゆるネガティブから自分なりに距離をとって、「目的」と「今日の私にできること」を、えっちらおっちらやっていけば、必ず風向きって変わっていくから大丈夫。

紙に目的を書くと、「こんな仕打ちを受けた私」という被害者から、「この問題は私の問題。私が明るく生きていくために」と、〝自分の問題〟になってくれます。この時点で、9割はもう前に進んでいます。一生懸命になり過ぎると、かえって心は折れやすくなっちゃうから適度に。紙に書いて力を借りて。

# 「運勢の偏りが起きたときに」

「占い」というものに関わる仕事をしていると面白いのが、「運勢の流れ」や「運勢の偏り」ってやっぱりどうしてもあると思うのです。星座ごとにもあると思うし、個人に関してももちろんある。

たとえば、「何か良いことが怖くなるぐらいに続く」こともあるし、「良かれと思ってやったことでも、反対の結果ばっかり出るな。どうしてこんなことになるんだろ。凹むなぁ」って思っちゃうことが続く時期もあるのです。「物事に永遠はない」わけだから、良いことが続いたら「あ、ラッキー。でもこのラッキーはあんまりあてにしないでいよう」と思って、悪いことが続いても「ま、こういうときもあるだろうな。でも何週間も続かないだろうし、あんまり気にしないでおこう」と思う気持ちも大事です。

毎週「しいたけ占い」を書いていても思うのですが、占いって、ルーレットの赤と黒みたいに「赤が3回続いたから次は黒だろう」というような「確率論」みたいな形ではとらえられないところがある。赤が10回続くこともた

まにはある。そして、そういうある種の「確率の異常」「結果の偏り」が起こるときって、実はものすごいチャンスなのです。

「普段起きないはずのことが起こる」

怖い意味ではなくて。たとえば恋愛面で「良かれと思ってやったのに、こんな結果か」とがっかりするような展開が続いたら、「あ、じゃあいまは恋愛に張る（↑ギャンブル用語です）ときじゃないかもな。いまは仕事だな。よし、一点集中で仕事をやってみよう」と、発想の転換をするチャンスです。

上手くいっていない面を、一日中ずっと、何日も考え続けちゃったりすると、「太陽が当たらない植物」みたいになっちゃいます。そういうときは、見方を変えてどこか「ツイてる」を発見しなきゃいけない。

何か悲しいことが起こっていたとしても、それはそれまで真剣に「なんとかしよう」とか「よくしよう」、「プライドがずたずたでも成長しよう」と思って必死で取り組んできたことなんだから、結果だけに左右され過ぎてはいけない。

結果の偏りなんて、いずれまた変化していくものなのだから。

# 「意味のあることをずっと続ける危険性」

僕は仕事でもプライベートでも、「意味のあること」が立て続けに起きたときってちょっと警戒心を発動します。

「意味のあること」ってどういうことかというと、それは、「誰が聞いたとしても反対しないこと」。

たとえば、こんなことです。

✦もっと仕事を頑張りたい
✦「学生のうちに車の免許を取っておきなさい」など、親戚のおばちゃんが言いそうなこと
✦いい話を受けるためにもっと頑張らなきゃいけない
✦お金を貯めてマンションの頭金にしなければいけない

## ✦将来に備えておかなければいけない

ほら、世間的には「立派」とか「当たり前」と言われるようなことです。もちろんそれは、絶対的に立派なことなんですよ。ただ、その「立派」で「褒められうること」や「周りを安心させるような言動」が、自分の行動の10割になってしまうと、すごく怖いのです。

僕自身の体験や周りの人を見てきた経験からすると、「意味のあることを集中的に、ギュッと力を込めてやり続けてきた人は、途中で壊れるか、本人が気づかないうちに失速しやすい」。

なんて言うんですかね、たとえば超名作漫画の『ドラゴンボール』って、ずーっとフリーザと真剣なバトル展開をやっていたらダレると思うのです。たまに亀仙人がスケベなテレビ番組を見ているみたいな、本編のストーリーとまったく関係のないギャグ的なシーンがあるからいいわけで。

その人の人生の本編の豊かさって、その本編の周りにどれだけ「くだらな

い」サブストーリーがあるかが重要になってくる。自分がやっていることが全部「本編」を進めるためのものになると急激に失速する。

意味があるものを作っていくためには、「意味がないもの」の大切さが必ず活きてくる。立派なことをやっているときは、「こんなものは自己満足だわな」っていう、ちょっと引いた目線があったほうが長続きする。

仕事で良い成果を出したら、どうしても「もっと頑張らなきゃいけない」って気持ちが出てくる。「これで満足しちゃいけない」って。でも、そういう「〇〇でなきゃいけない」っていう考えでいると、気づけば息ができなくて窮屈になった自分が出来上がっていたりします。

ときには、「意味のないことするぞー」って、自分に語りかけてあげてください。

# 「短所の噴火」

昔何かの本で読んだことがあるのですが、自分の「能力」ってイメージとしては「足が速い人もいれば、遅い人もいる集団行動みたいなもの」です。

たとえば、足が速い子っていうのは自分にとっての「長所」で、これは「とくに苦労もしていないけど、ずっと頑張り続けることができる」みたいなところですね。海外で暮らしていたから英語ができるとか、「この分野に関してはまぁまぁ自信がある」とか。

それで、どの人にも弱点と言われるような部分はあって、それは「自分のなかにある足が遅い子」なのです。その「足が遅い子」の部分って、どうしても恥ずかしいし、隠しておきたい。

だから大人になってからも多くの人は、長所で短所を必死にカバーしようとするし、短所はやはりどうしても「恥ずかしくて忘れたいもの」。だからこそ、自分のなかで無かったことにすらされやすいのです。

なんか話が複雑になってしまいましたが、この「短所」って僕自身が生きてきた人生のなかでも、本当に「なんとかならないかなぁ」って願い続けてきたものなのです。願わくば、短所に消えていただきたい（笑）。

でも短所って、どうしても消えてはなくならなくて、忘れていた短所が一番出てきてほしくないタイミングで猛威を振るう。短所が猛威を振るうたびに、もうだいぶ昔にどこかで読んだ「人間って、長所と短所が同じグループでマラソンみたいに走っている。長所だけでは逃げ切れない」という箇所を思い出していたのですが、でもなんとなく、なんとなくなんですが、

「魅力のある大人って、もしかしたら自分の短所を出せる人なのかもしれない」

と最近、思い始めました。

短所を出すって、多分周りにいる人や自分を信頼していないと出せるものじゃない。だからすごく恥ずかしいけど、すごく狼狽してしまうけど、短所

が噴火することって、もしかしたらたまには必要なんじゃないか。

もちろんそれが起きたら誠心誠意謝る必要はあるけど、思ったより短所が出ても、実はそれによって人生は良い方向へつながっていく。

こういう考えかたって、自分自身は20代の頃はできなかったと思います。

短所、たまには噴火していきましょう。

# 「緊急提言・仲違いについて」

自分の周りだけかもしれないのですが、2017年の夏って、ものすごく仲違いが多かったんです。いままですごく仲が良かった夫婦の人も、仲違いをして数か月口をきいていないとか、数十年ぶりの大喧嘩をして冷戦状態とか、とにかくそういう話が多かったのです。

2017年の初め、2016年と2017年は「龍の年」に思えるって言ってたんです。それについて自分のブログから抜粋したいのですが……

「2017年って、そのストレスにみんなが我慢できなくなっちゃうんです。龍って、『いままで溜めてきたものが一気に噴き出す』とか『抱えてきたことが我慢できなくなる』とか、もっとプラスの面では『いままでコツコツやってきたことが一気に大成果に結びつく』って、良いことにしろ、悪いことが起こるにしろ、振り幅がすごく大きくなってしまって、どっちにしろストレスになってしまうんですね。みんなが、『マイペースにやって、いろい

ろ修復しながらすこしずつ前に進む』ということが難しくなって、『何かが起こるときは予測もできなくて一気に』って感覚なのです」

だから、動揺が激しい。「え、それいま言うの？」とか、「なんでこんなに言われなくちゃいけないの？」「私そんな怒らせるようなことした？」って言ってみたり、２０１７年ってあらゆる行動と現象が派手だったのです。

この激しさと派手さに動揺し過ぎないでください。できれば「ふーん」と言って、「あ、いまこういうことが起こったのね」って、動揺しながらも「大きく受け止め過ぎない」心構えがすごく大事になります。

ここからは、いまに限らないアドバイスなのですが。

何かショックなことが起きている人、身近な人と仲違いをしている人は、できれば神社や仏閣に行ってください。これは別に特定の宗教がどうとかではなくて、気持ちを立て直すときって「娑婆《しゃば》」の空気じゃやっぱりダメなんです。ある程度、神聖で丁寧な空気が流れていないと、「あの野郎」という気持ちが色濃く残っちゃうから。

そして、神社やお寺の境内に入ったときに、心をできるだけ静かにして、

「ここまできたか」

とつぶやいてみてください。心のなかで大丈夫ですよ。

「ここまできたか」と言ってみるとですね、人生って本当に「奇縁の連続」でしかないことに気づきます。誰かと一緒になることも、いまいる場所も、いまやっていることも。

でも、それって誰かのおかげでもあるし、自分の力で成し遂げてきたことでもあるし、その奇縁をつかむことができたのは自分自身でもあるし。

他人や人間関係って、どうしてもストレスの原因になります。でも、誰かがいることで「ただいまー」って言ってきた過去と現在があるわけだし、おみやげ屋さんを見たときに「あの人に何か買っていこうかな」と思えたり、花を生けて「きれい。どこで買ったの?」と言ってもらったり。「他人から言ってもらった温かい一言」や「温かい空気」を思い出してみてください。いまはひとりの人も。

２０１７年って、どの人も限界まで追い詰められている人が多かったのです。それは外見的にわからなくても。だから、いっぱいいっぱいになってしまって、ちょっとの掛け違いから「ムッ」として謝れなくなったなんて本当によくあります。

そうなっちゃった人は、「ここまできたか」と、あとは「それ以外は幸せなんだよな」ってそのショックな出来事以外のことをちゃんと思い出してみてください。そして自分にできることをする。仲違い問題に関してはちょっと放っておく。自分の時間が欲しいときって、どの人にもあるわけだし。

もう一度言います。

２０１７年に「起こった出来事の激しさや派手さ」に惑わされ過ぎないでください。音が大きく聞こえ過ぎるし、現象が強く見え過ぎるだけです。

ひとりの時間を取り戻して、それで誰かに謝りたくなったら謝ってください。まだ時間が必要だと思ったらそうしてください。

# 「チャンスはあっけない」

夜テレビを見ていたら、東京から地方に移住をした女性たちのドキュメンタリー番組をやっていたんですね。とても面白かったです。もちろん「移住」とか、そんな決断って簡単なことではないし、東京がいいか地方がいいかっていう話をここで考えたいわけではないのです。

ただひとつ、そのテレビ番組を見て思ったことって、

「チャンスってあっけないよな」

ということ。

チャンスって、実はまったく根拠がないもので、「いままでの自分だったらやらなかったこと」にすごく宿る。

カウンセラーの方なんかもよくおっしゃるのですが、ずっと会ってきたクライアントが、「あれ、今日の小物かわいいですね」と言いたくなるような、服装に小さな変化が表れるときがあるんですって。そういうとき、水面下でその人のライフサイクルがものすごく変わろうとしているのです。

いままで黒しか身に着けなかった人が、何かポッと綺麗な色の小物を持ち始めたり。そういう変化って、本人も気づいていないこともとても多い。でもそこからものすごい勢いでいろいろなことが変わっていったりします。海が嫌いだったのに急に海に行きだしちゃうとか。逆に「変わらなきゃ」と毎日思っているようなときって、なかなか「自分が変わる」チャンスってやってこなかったりもします。

これは僕の意見なのですが、チャンスが訪れやすい人って、自分の失敗や至らないことを許せる人だと思っています。

「反省」ってし過ぎると怖いのです。「こんな至らない自分なんて許せない」と思っていると、身体の奥底にまで残ってしまう。

この「自分を許さない」って、10代の頃の部活とか勉強とかでパフォーマンスを上げるために、「いまのままで悔しくないのか!?」というふうに自分を鼓舞するやりかたでよく用いられてきたでしょう? それを大人になってからもずっと続けて、「ここで負けてしまう自分に価値がない」と思い過ぎちゃうと、かえってダメージのほうが多くなります。よくない意味で「こいつやべぇな」と思うような人や場所からは逃げてしまうほうがいい場合もあるから。

「負けてたまるかよ」っていう精神って個性であり、その人がもともと持っている強みである場合もあるから、全員が真似しなくてもいいと思っちゃうんですよね。自分の活かしかたは、人それぞれで違うのが当たり前なわけだし。

「ダメなところもあるけど、そういう自分がまぁまぁ好きなんだよな」って、自分だけは自分の味方であるところに、チャンスはよくやってくる。

反省は必要だけど、その反省によって100パーセントの自分を求めてはいけないし、反省によって自分の心を折ってはいけない、と僕は思っています。人は心を折ってしまうと、必ず「自分の心を折った状況や人間関係」に対して復讐を果たそうとするから。人の闇って面白いものでもあるし、怖いものでもあります。

# Epilogue エピローグ

この本は、僕にとって2冊目の執筆になりました。

去年、本を出したときに比べて僕自身もさまざまな変化を迎えました。

ちょっとこういう話を聞いていただきたいのですが（↑この話の始めかたも長い付き合いになってきています）、僕は1年の時間のなかでとくに、NHKの紅白歌合戦が終わったあとに画面が暗転してお寺の鐘がゴーンと鳴る『ゆく年くる年』を観るのが大好きなのです。

去年のいま頃（これを書いているのは2017年11月）、2016年の年末にアナウンサーの方が「今年も残すところあとわずかになりました」と言っているとき、まさか2017年という年がこんなに激しい1年になるとは、誰も想像していなかったんじゃないでしょうか。

だからまず、いろいろなことがあった方も、来年に向けてもう決意を燃やしている方も、年末に向けてもうひと頑張りしようとしている方も、とりあえずこの「いま」を共有しているすべての人に「今年もお疲れ様でした」と伝えさせてください。

12星座について詳しく書くことって、すごく嬉しい時間なのです。どうしてかと言うと、12通りの全然違う人たちがその人にしか分からないことで悩んだり、考えたり、もがいたり、そして自分なりの答えを出していく。

12通りの「生の人生」の近くで、それぞれの人たちの生きかたを見て、話を聞いて、なんらかのアドバイスを伝えることができる。そんな贅沢な時間を与えられたことにすごく感謝しているのです。それぞれの人たちの悩みや考えかたに「あなたってこういうところあるよね！」って、親友のような立場でそばにいて聞いている気分なのです。「しいたけ」というキャラクターの活動をしてきて、一番嬉しい「報酬」ってそこなのです。「直接会ったことがない人たちの親友になることができる」。そして、ときどき冗談を言いながらも「いや、あんた変わってないよね、そういうところ」とか言い合う時間が持てる。

「親友」と言えば、僕にも何人か親友と思える人がいます。
なかには19歳のときに出会って、いまではまったく連絡を取らなくなったりしている人もいます。
でも、人生の転機が訪れるたびに空に向かって報告するのはその人たちだし、会わなくなったとしてもときどきは顔を思い出して「いろいろあるけど元気でやってる」と報告しています。

僕のなかでの親友の定義はひとつで、それは「その人に何があっても〝バカだなぁ〟と笑って許せてしまえること」です。親友は友の生きかたに正邪を決めません。ただその人が、その人でいてくれるだけで嬉しい。

願わくば、これから先も読者の方や、「しいたけ占い」を応援してくださっている大切な方々と親友のような関係を大切にして、そしてそんな関係を続けていきたいと思います。

この本は「親友に宛てた手紙」としてけっこう自信があります。もしよかったら、ジーンとしたり、笑ったり、友達に「私ってこういうところある？」と尋ねてみたり。
そういう時間を過ごしてもらえたら、この上なく嬉しいです。

2017年11月吉日

しいたけ

著者プロフィール
## しいたけ

占い師。早稲田大学大学院政治学研究科修了。哲学を研究するかたわら占いを学問として勉強。2014年から『VOGUE GIRL』で連載開始、毎週月曜更新の「WEEKLY! しいたけ占い」で注目を集める。「しいたけ」という名前の由来は、唯一苦手な食べ物が「しいたけ」であり、それを克服したかったから。
他の著書に『しいたけ占い 12星座でわかるどんな人ともうまくいく方法』(マガジンハウス)がある。

**「WEEKLY! しいたけ占い」**
https://voguegirl.jp/horoscope/shitake/

**しいたけのブログ**
https://ameblo.jp/shiitake-uranai-desuyo/

イラストレーション・キャラクター
**TAROUT**

編集協力
**VOGUE GIRL 荒井現**

ブックデザイン
**木庭貴信＋川名亜実(オクターヴ)**

しいたけ直伝

# 運を味方につける
# 12星座のマイカラー

VOGUE JAPAN GIRL

## 12星座が持つ色を知って、毎日をもっとハッピーにする!

### My Color
マイカラー

「マイカラー」とはあなたの「オーラ」の色です。オーラとは、あなたの生命力やいまの気分が発する色のこと。あなたが本来持っている性格を象徴する色でもあります。ここではとくに、12星座別にそれぞれの持つマイカラーを紹介します。自分が身につけるものや誰かにプレゼントするアイテムを選ぶときなどに参考にしてみてください。色の力で運気が上がります。

### Base Color
ベースカラー

本来のあなたを表す色で、調子がいいときのあなたが発している基本の色です。ここでは2種類挙げます。日頃から自分に縁のある色だと知っておくとよいでしょう。もともと好きな色はもちろん、いままであまり縁のなかった色は身につけてみると意外とよく馴染むように感じられたり、新たな自分の引き出しが見つかったりしますよ。

### Cool Down Color
クールダウンカラー

あなたが気持ちを落ち着かせたいときや、ちょっと疲れてしまったときにほっとできる色。「毒」を乗り越えたいときなどにも意識して身につけておくとパワーアップできます。いわゆる「ラッキーカラー」と言ってもよいでしょう。ベースカラーに加えて、いざというときに味方になってくれるお守りのような色です。

Base Color

## 黄色

好奇心

直感

ピュア

Base Color

## オレンジ

元気

行動力

3/21－4/19

Aries

# 牡羊座

## 森の色

自然

心を鎮める

ひとりの空間

牡羊座は、生きているだけで楽しいことを勝手に発見して輝く力があります。うわー楽しい! という勢いで人生を突破していく。春夏に生まれた人はもともとのテンションが高めなことが多いです。都会で流行しているものやインスタ映えするものが好き。それがオレンジや黄色に表されています。勢いでやりすぎて、いつのまにか自分の行動に混乱していることも。だから心が鎮まる「森の色」のような、自然に近い色を身近に持っておくのがおすすめです。仕事場のデスクに観葉植物を置くのもいいし、手帳など毎日目にするものにこの色を取り入れるのもいいと思います。世俗と少し距離をとり、気持ちを落ち着かせてくれます。「箱根の温泉で癒される」ようなイメージです。

Base Color
## ターコイズ

解放
自由
再生

Base Color
## ピンク

深い愛情
かわいらしい
受け入れる

Taurus

4/20-5/20
# 牡牛座

Cool Down Color
## 水色

爽やか
清潔感
個性を守る

牡牛座は、好きになったものへの愛情が深いです。子どもの頃から好きなキャラクターを、大人になってもお守りがわりに持っていたり、お気に入りのブランドを生涯にわたって大切にしたり。それがピンク色に表れています。その反動でターコイズが示す「解放」の気質も持っています。ぐっと入り込む世界とどうでもいい世界とがはっきり分けられている。だから「自分のペースで勝手に生きていきたい」人たちです。そんな牡牛座には爽やかで清潔感のある水色がおすすめです。牡牛座って「ビーフシチューにスペアリブが入ってる」みたいな胃もたれする濃さがあるから、「たまには普通でいいんじゃない?」という意味でユニフォームのように中立な水色をおすすめしたいですね。

Base Color
## 黄色

楽しい！

子どものような
熱中

Base Color
## 青

冷静

割り切った
判断

5/21－6/20

Gemini
# 双子座

Cool Down Color
## 紫

成熟した大人
奉仕する気持ち

双子座って、自分自身がすごく盛り上がって楽しいと思えることをずっとやっていたい人。黄色に表されるように、子どもみたいにいつまでも好きなことに熱中しているような感覚を持っていて、友達と一緒にいるのが一番楽。一方、センスがない人が大嫌い。「この人の話は面白くないな」と判断すると話を聞かないし、「それどうでもよくない？」と一気に冷めてしまう。そんな冷静さが青色に表れています。この部分は他人からは徹底的に自分勝手にも見えます。そんな双子座は、コンプレックス＝毒のひとつとして、どこか「大人になりきれていない自分」を感じています。だから大人の象徴である紫を身につけて補うのがおすすめです。紫は誰かに尽くしたくなる「奉仕」の色でもあり、気持ちも引き締まります。

Base Color
## 水色

適切な距離
清潔感

Base Color
## 赤

情熱
信念

6/21－7/22

Cancer
# 蟹座

Cool Down Color

## 緑

許す、譲る
思いやる
平和

蟹座の第一印象は、親切で誰とでも話を合わせられる「人間関係をそつなくこなす人」。水色はあまり他の色に染まらないので、人との距離感をうまく保つ蟹座の「外面の良さ」を象徴しています。でも一歩蟹座の内面に踏み込むと、赤という灼熱の色が待っています。蟹座は身内に厳しく、「家族のなかで一番大事にされなきゃいけないのは私」という頑固な面も。信念や哲学、美意識を貫く「軍隊」のように厳格なところがあります。そんな蟹座が厳しくなりすぎず「大人の優しさ」を保つには、緑を持っておくのがおすすめです。緑には「許す」「思いやる」などの意味があります。手帳やスマートフォンケースなどよく目に触れる小物に緑を取り入れると、いつもより少し寛容になれますよ。

Base Color
## エメラルド

親分肌
仲間思い
癒し

Base Color
## オレンジ

元気
行動力
自信

*Leo*

7/23－8/22
# 獅子座

Cool Down Color

## ターコイズ

リセット
回復

獅子座は、何かと「お膳立てをしてもらいたい人」です。「その他大勢のなかのひとりじゃ嫌」というプライドがあって、特別扱いされるための努力を惜しみません。オレンジはそんな獅子座のパワフルで自信家の性格を表しています。同時に親分肌で仲間思いの面はエメラルドに表れています。獅子座の毒は、この仲間意識を重視するあまりメンバーから外れた行動をとる人にイラッとしてしまうこと。友達に大事なことを一番に報告してもらえなかったりすると、不機嫌になる。そんなときはターコイズをおすすめします。ターコイズは「リセット」や「回復」をうながす色。他人のことを考えすぎて自分のエネルギーがダウンしてしまったら、この色を身につけるといい気分転換になります。

Base Color

## 黄色

解放

子どもっぽさ

夢中

Base Color

## 茶色

義務

積み重ね

土の色

8/23-9/22

# 乙女座

*Virgo*

Cool Down Color

## 黒

バリアー

落ち着き

乙女座は、世話好きですごく他人に尽くす人。家庭でも仕事でも任されたことはしっかりとやり抜きます。この「義務」を果たす性格を象徴するのが茶色です。そして乙女座を義務感から解放してくれるのが黄色。乙女座はお菓子作りの趣味など「自分だけの喜びの時間」を必要とします。他人に喜んでもらうためではなくて、自然や落ち着いた空間に行って自分を休める時間も大事なのです。勘が鋭くていろんなことに気がつきすぎる人たちなので、どうしても疲れると神経質になるのですが、そんなときは黒がおすすめです。黒は外界とのバリアーを作ってくれる究極のクールダウンカラー。周囲の雑音を遮断してくれます。お気に入りの一着に黒をひとつ持っておくといいですよ。

Base Color
## 青
大人びた
マイペース
他人と
距離をとる

Base Color
## グレー
ソフトなバリアー
ひとりの
時間が必要

9/23－10/22
*Libra*
# 天秤座

Cool Down Color
## 黄色
ピュア
楽観主義

天秤座はプライベートを隠しておきたい人。「結婚してるの?」「恋人は?」などと私生活に関する質問をされるのが苦手です。ちょっと珍しいのですがグレーは物事を濁す色で、「これ以上は入ってくんなよ」とソフトに外界を遮断する壁になってくれます。青は天秤座のクールで、他人との距離を保とうとする性格を表します。そして天秤座はマイペースでもあるため、自分ひとりで考えすぎるとどんどん不安になっていく「毒」もあります。そんなときは黄色が持つピュアな明るさに救いを求めてください。天秤座は「困ったときは黄色」と覚えておいてください。停滞を感じたら、黄色のアイテムを買いに行くだけでも気分転換になります。身近な人からプレゼントしてもらうのもいいかもしれません。

Base Color

## 赤

深い愛情
エネルギー

Base Color

## ネイビー

統一された
落ち着き
向上心

10/23–11/21

Scorpio

# 蠍座

---

Cool Down Color

## ゴールド

特別な価値
プライド
屈託のなさ

ネイビーは制服にもよく採用されるように、統一感のあるストイックな色です。蠍座の持つ「向上心」や自分が成長するために力を尽くす性格を表しています。蠍座はもうひとつ、激情や濃い愛情を示す赤の性格を持っています。エネルギーに溢れた蠍座はいつも「腕まくりして全身全霊」で物事に向き合います。好きになる人も「ワケありじゃないと手ごたえがない」というほどで、いつも誰かしらの世話や面倒を見ている。問題点として何事にも深入りしやすい気質があります。そして情熱とか思い入れが強くなりすぎると嫉妬深くなるところもあります。そんなときにクールさを保ってくれるのがゴールドです。特別な価値のある色で、赤と組み合わせれば、あなたに「最高の結果」をもたらしてくれます。

Base Color

**白**

究極の無邪気

無垢な心

Base Color

**赤**

情熱

負けず嫌い

ヒートアップ

11/22 - 12/21

# Sagittarius 射手座

Cool Down Color

**青**

冷静

分析

落ち着き

射手座は赤に象徴されるように「激熱」の人です。目の前のことに対して「限界が来るまでやるのは当たり前。限界を超えてからが勝負!」と意気込むような凄みがあり、他の星座に比べても「のめり込んだらとことん」でエネルギッシュな面が強いです。もうひとつのベースカラーの白は「無垢」「神様の色」でもあり、ちょっと浮世離れした人も多いです。射手座が毒を持つのは、その熱意が過剰になって「ちょっと落ち着け」というとき。そんなときはぜひ青を身につけてください。とくに仕事では冷静なほうがうまくいく場面が多いので、モバイルケースやステーショナリーなどに青を取り入れてみるとか。射手座の長所はこうして「青がいい」とおすすめしたら、明日から素直に取り入れてくれるところなのです。

Base Color
## 黒
職人気質
シャットアウト
信念

Base Color
## 茶色
こつこつ
自分の
スタイル

12/22－1/19

Capricorn
# 山羊座

Cool Down Color
## シルバー
勘の鋭さ
自己主張

山羊座は「流儀」や「スタイル」を表す茶色を持っています。山羊座は自分のやりかたを大切にするので、すぐに人の指図通りには動けません。でも話を聞いていないわけではなく、タネをまいて芽が出るのを待つかのように5年前のアドバイスにいま気づいて、突然花開いたりします。もうひとつのベースカラーの黒は「職人気質」を表し、こちらも何年も自分の信じるやりかたを貫ける強さと頑固さが混在している色です。内に籠もる性質が毒となりやすい山羊座ですが、1～2割は異様にフットワークが軽い部分があります。その軽さを引き出す色としてシルバーをおすすめします。メガネやアクセサリー、時計などの小物に取り入れると、こだわりを守りながらさりげなく自己主張できますよ。

Base Color

**紫**

美学
緊張感

Base Color

**水色**

自制心の強さ
見えない本心

Aquarius

1/20－2/18

# 水瓶座

Cool Down Color

**ピンク**

ポジティブな感情
素直さ
母性、愛情

水瓶座は「期待」に必ず応えようとします。だから、他人に期待されるとそのプレッシャーや恩義をずっと背負い続けてしまうのです。そんな自制心の強さは水色に表れています。「本心が分からない」という色でもあります。でも頭が良くていい子なのに、意外にありのままの自分に自信がない人が多いです。等身大の自分よりひとまわり大きく見せたくて、つい人脈の広さをアピールしたり……。「人の期待を裏切っちゃいけない」という緊張感や固さは、紫にも表れています。自分を解放できていない色です。だから反動で「解放」を求めて変な人と恋愛をしてしまったりもします。そんな水瓶座にはピンクをおすすめします。ピンクは力を抜いてくれる素直な色。リラックスさせて、ポジティブな感情を引き出してくれますよ。

Base Color
## ターコイズ
裸の色
自由

Base Color
## オレンジ
陽気
楽しさ

Pisces

2/19−3/20
# 魚座

Cool Down Color

## キャメル
安らぎ、休息
地に足のついた
柔軟

魚座は「勝手に歌い出す」人。あるいは「究極の赤ちゃん」。自分のリズムで生きていて枠にはまろうとしません。ずっと海辺でパイナップルを食べているような陽気さで、オレンジがベースにあります。また「裸の色」であるターコイズも持っています。魚座って仕事でもなんでも「楽しいから」やっています。計算やテクニックじゃないのです。他人の話を真面目に聞くというよりは「音楽やリズムに共鳴し、心が踊り出す」という人だから、常識論だけを押し付けてくる人には反発してしまいます。そんな魚座には、キャメル（ベージュ）がおすすめです。「地に足をつける」「柔らかく着地」させる色です。普段着に取り入れて着こなせるようになると、すごく洗練された印象になると思います。

# マイカラーでさらに自分がわかる!

12星座のマイカラーのほかにも「自分が持つ色」を知る方法があります。
基本のオーラカラーは19種類。
あなたのオーラが何色かを知り、色のメッセージを受け取ってみましょう。

## 今のあなたは?

目を閉じて、青空の下で自然に囲まれてリラックスしているとイメージしてください。胸に手を置いて深呼吸し、吐き出す息は何色でしょうか。それが現在のあなたを示す色です。

## これからのあなたは?

「今まで生きてきた記念」に自分にプレゼントを渡すことになりました。その特別なプレゼントは何色かをイメージしてみてください。それが未来のあなたの色。新たな可能性を示します。

## 基本のオーラカラーとメッセージ

**赤**
情熱、闘争心。
負けられない戦いに挑む。

**ピンク**
愛、優しさ。
良い知らせを受け取る。

**オレンジ**
活気、自信、勇気。
道を切り拓く。

**黄色**
素直、好奇心。
子どもみたいな人。

**キャメル(ベージュ)**
休息。「嫌な用事はサボって」のサイン。

**緑**
調和、他人への信頼。
新たな出会いの予感。

**エメラルド**
癒し。努力が報われていく上向きの状態。

**ライムグリーン**
芸術家が持つ色。
直感と一点集中の力。

**青**
冷静、分析。考え過ぎて迷走することも。

**水色**
穏やか、整理整頓。
マイペースを守りたい。

**ターコイズ**
解放、自由人。
「ま、なんとかなる」。

**シルバー**
緊張感。「なめんなよ」とヤンキー気質。

**紫**
高い精神性。大切なものを抱え、成長していく。

**ネイビー**
義務。弱音を一切吐かないで難題をやりきる。

**茶色**
地味。責任。
信用されやすい。

**森の色**
引きこもる。メールの返信が返ってこない人。

**黒**
自分のことを話したがらない。ときどき暴走する。

**ゴールド**
奇跡、大きな力。成果が実るゴールのとき。

**コーラル**
生命力が輝いている。
にこやかで余裕がある。

# しいたけ占《うらな》い

## 12星《せい》座《ざ》の蜜《みつ》と毒《どく》

2017年12月15日 初版発行
2017年12月30日 再版発行

著　者　しいたけ

発行者　川金正法

発　行　株式会社KADOKAWA
〒102-8177 東京都千代田区富士見2-13-3
電話0570-002-301（ナビダイヤル）

印刷所　図書印刷株式会社


Printed in Japan
ISBN 978-4-04-602225-7 C0076